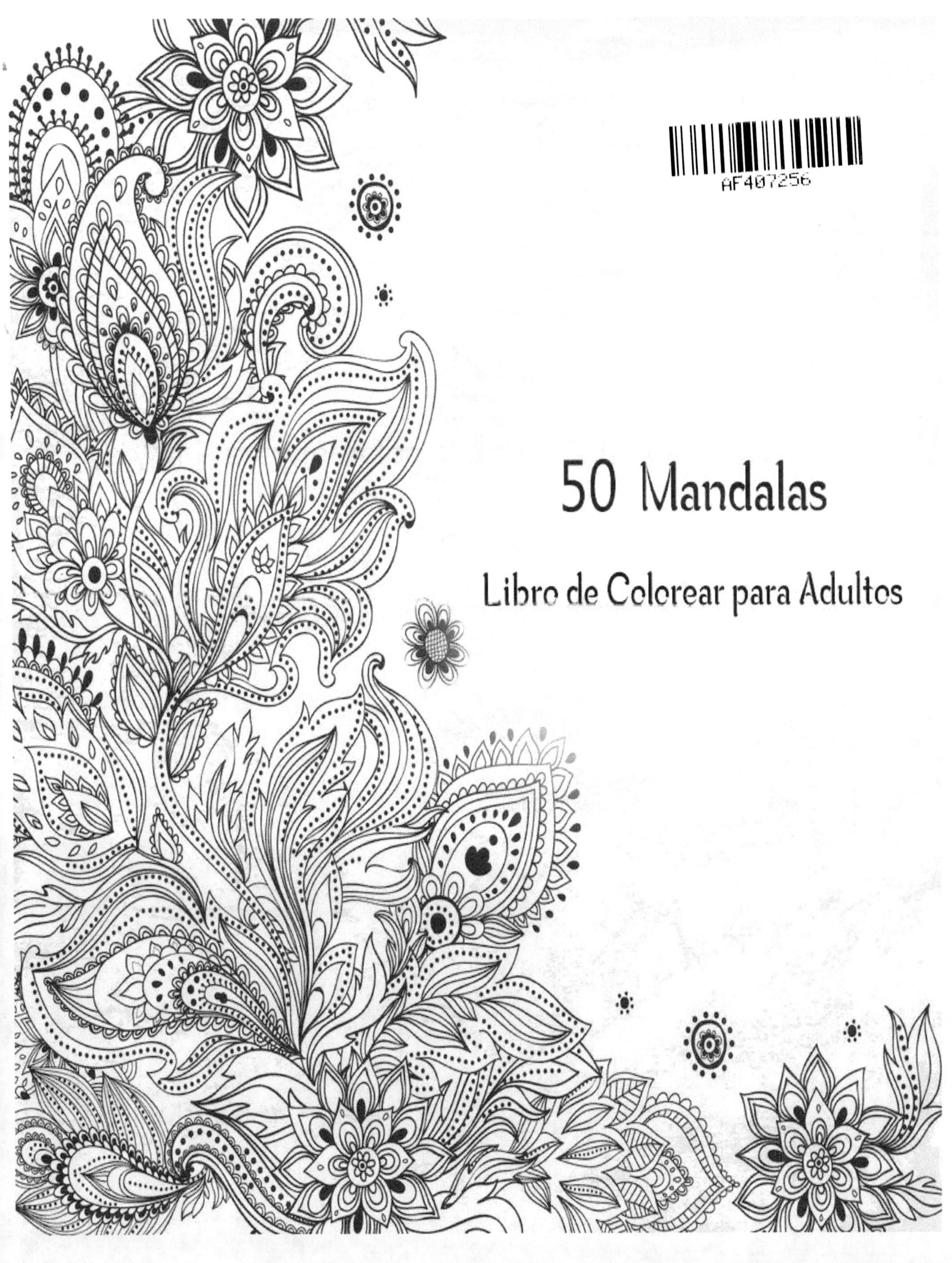

50 Mandalas

Libro de Colorear para Adultos

Este libro pertenece a

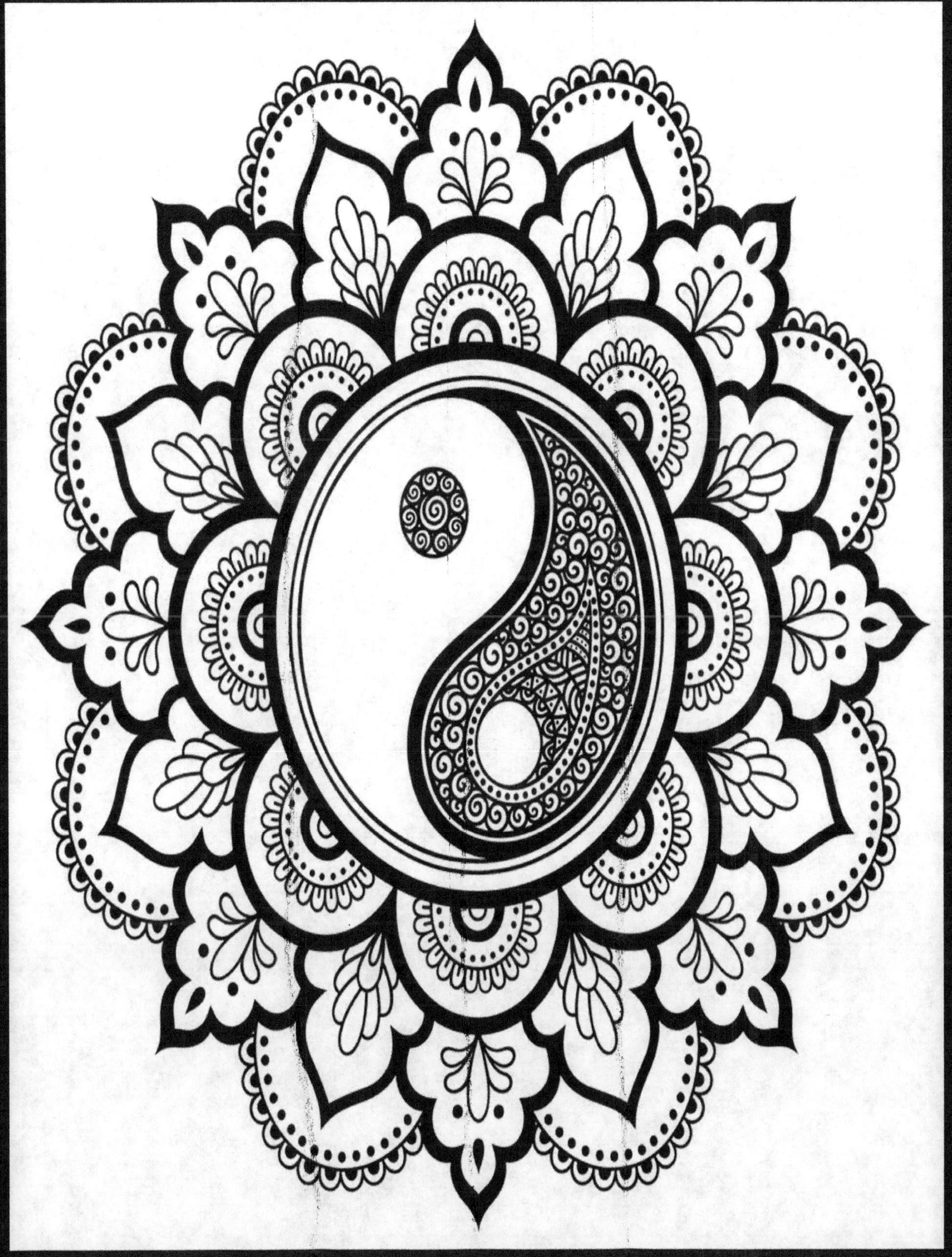

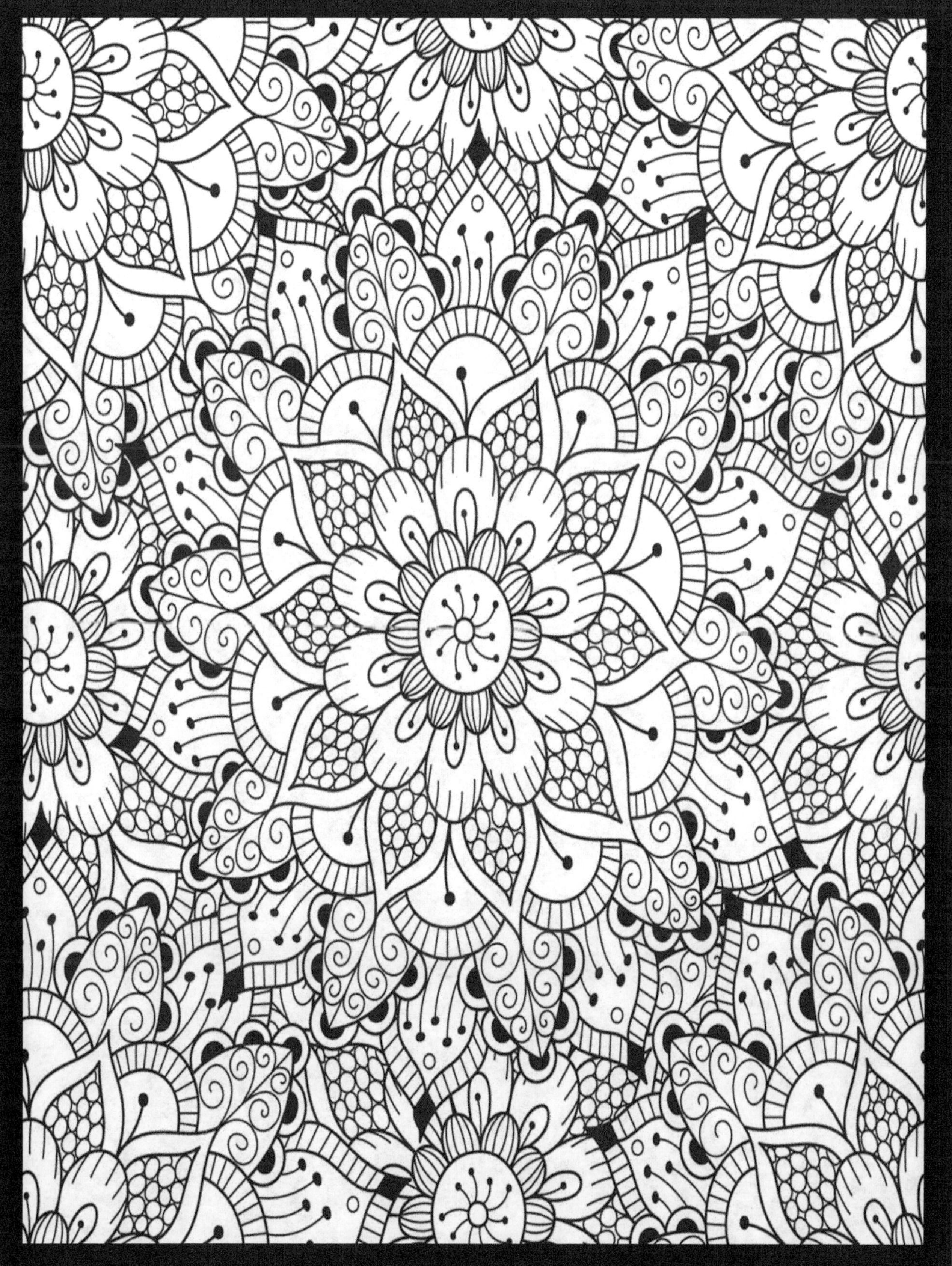

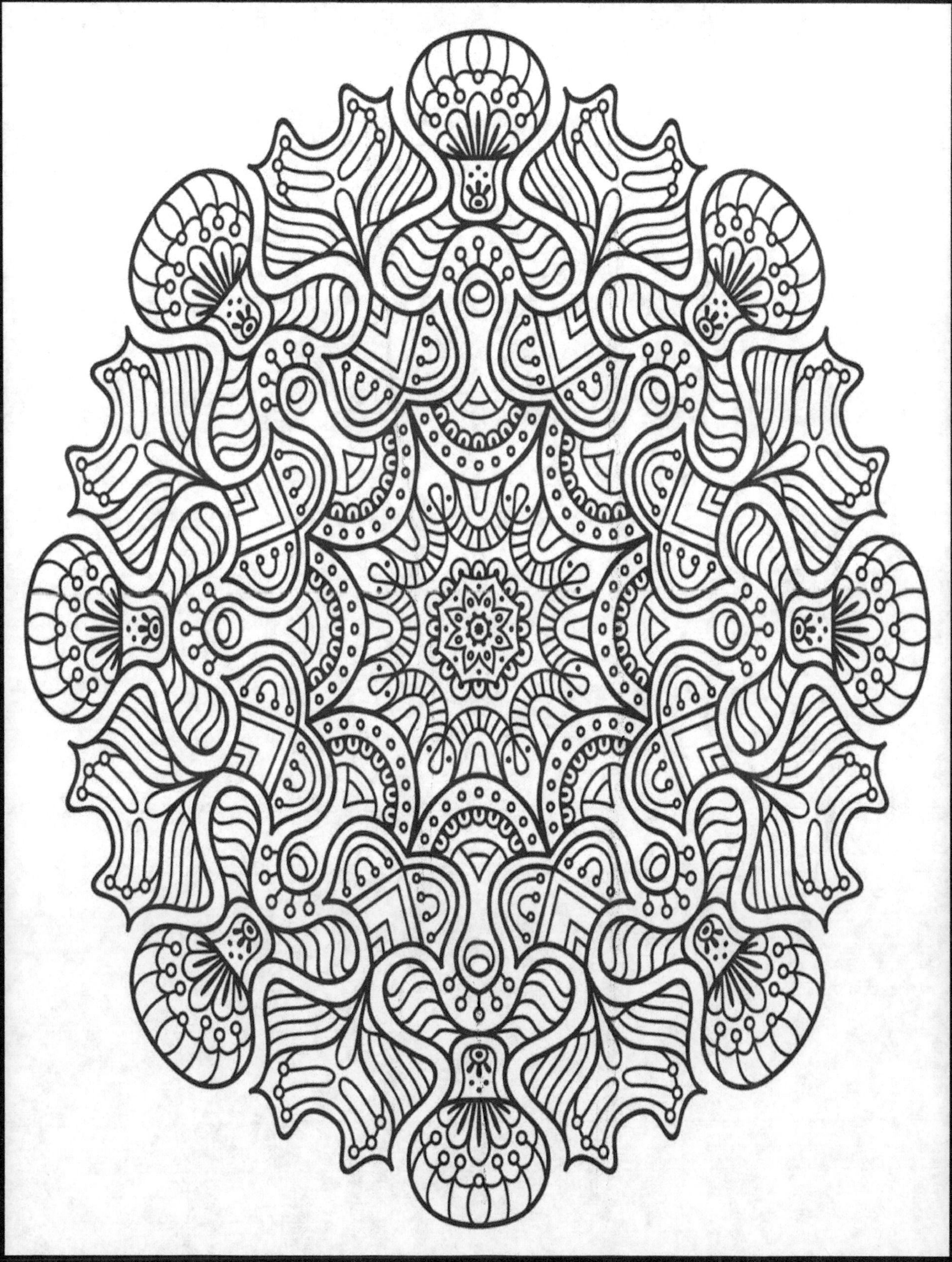

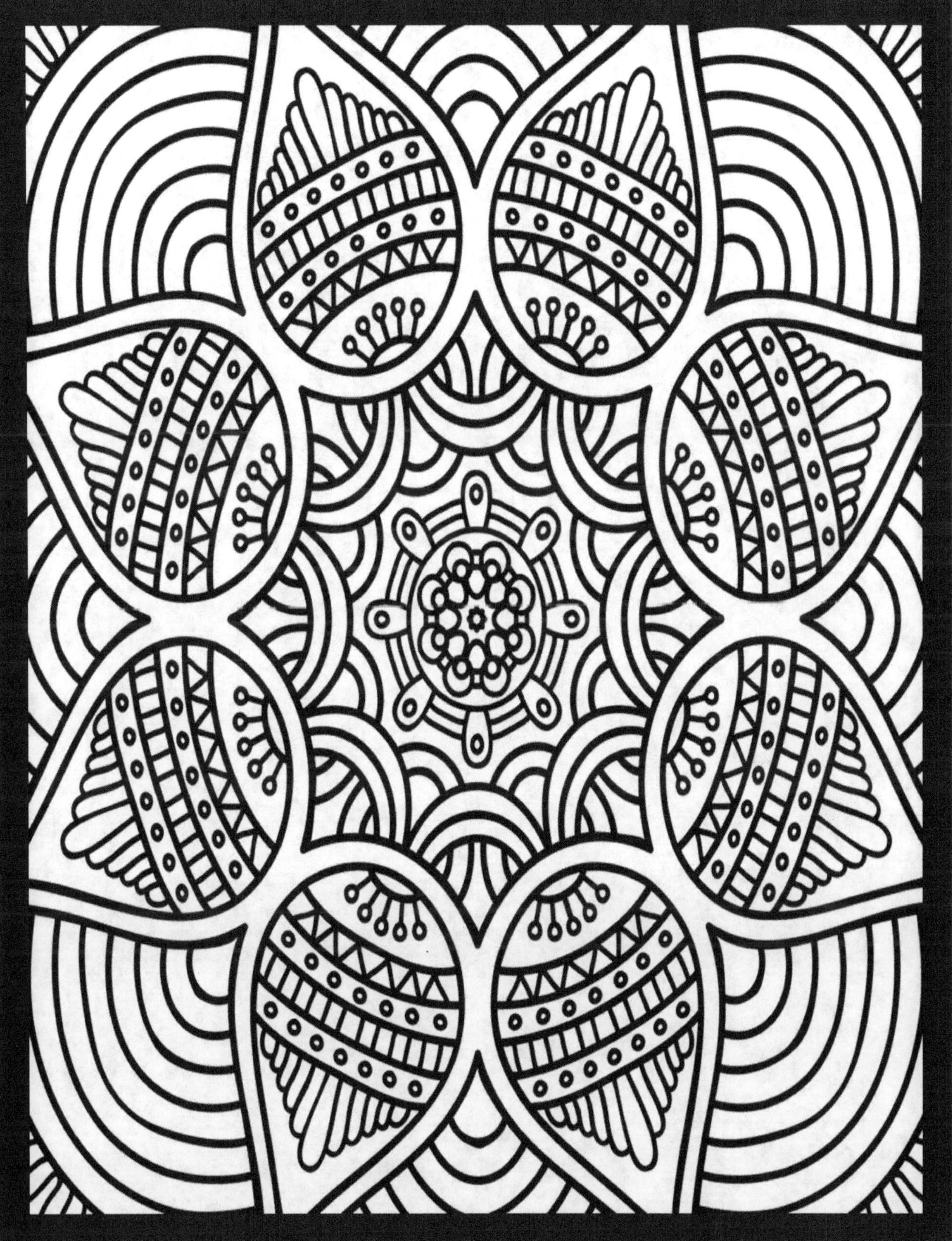

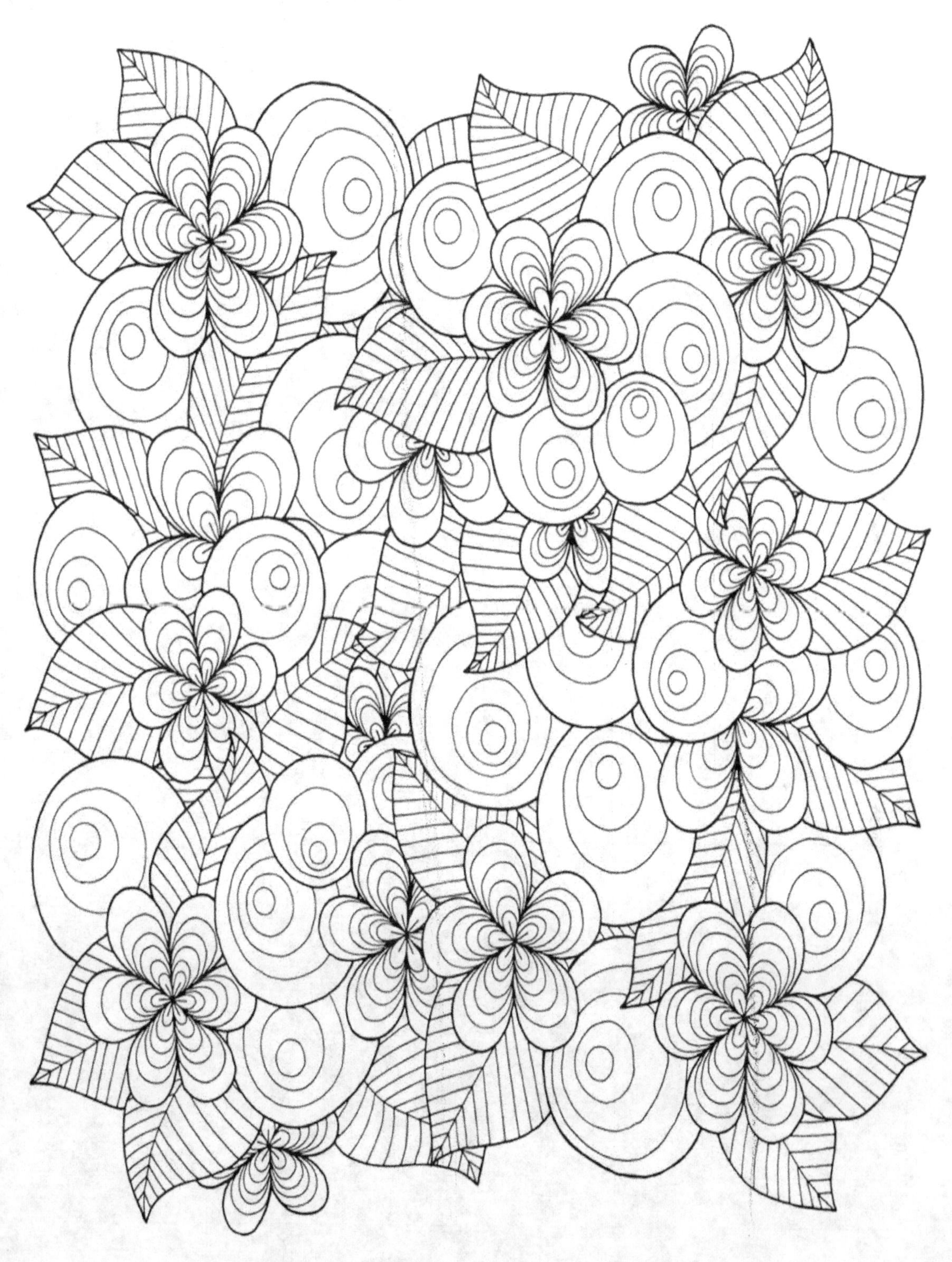

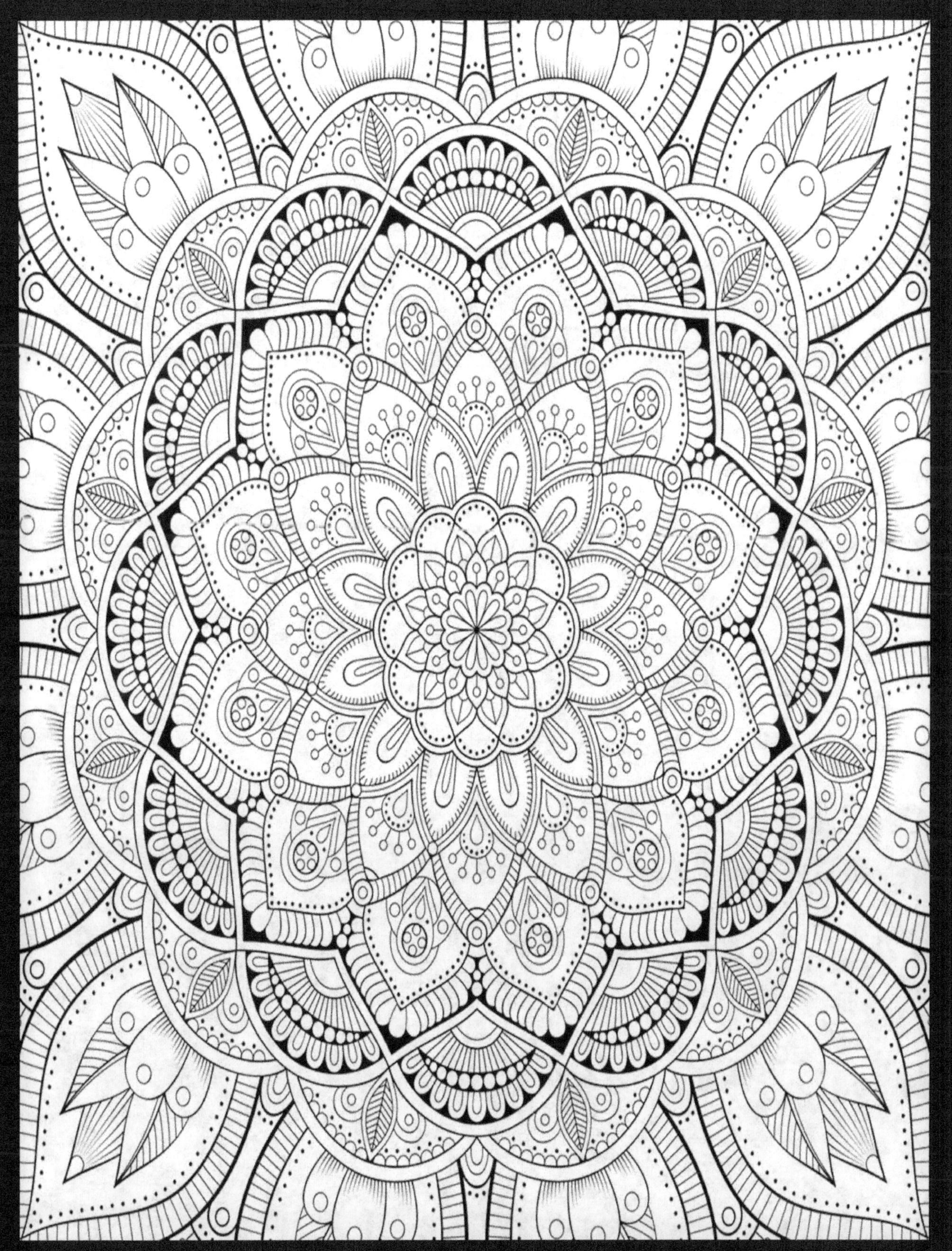

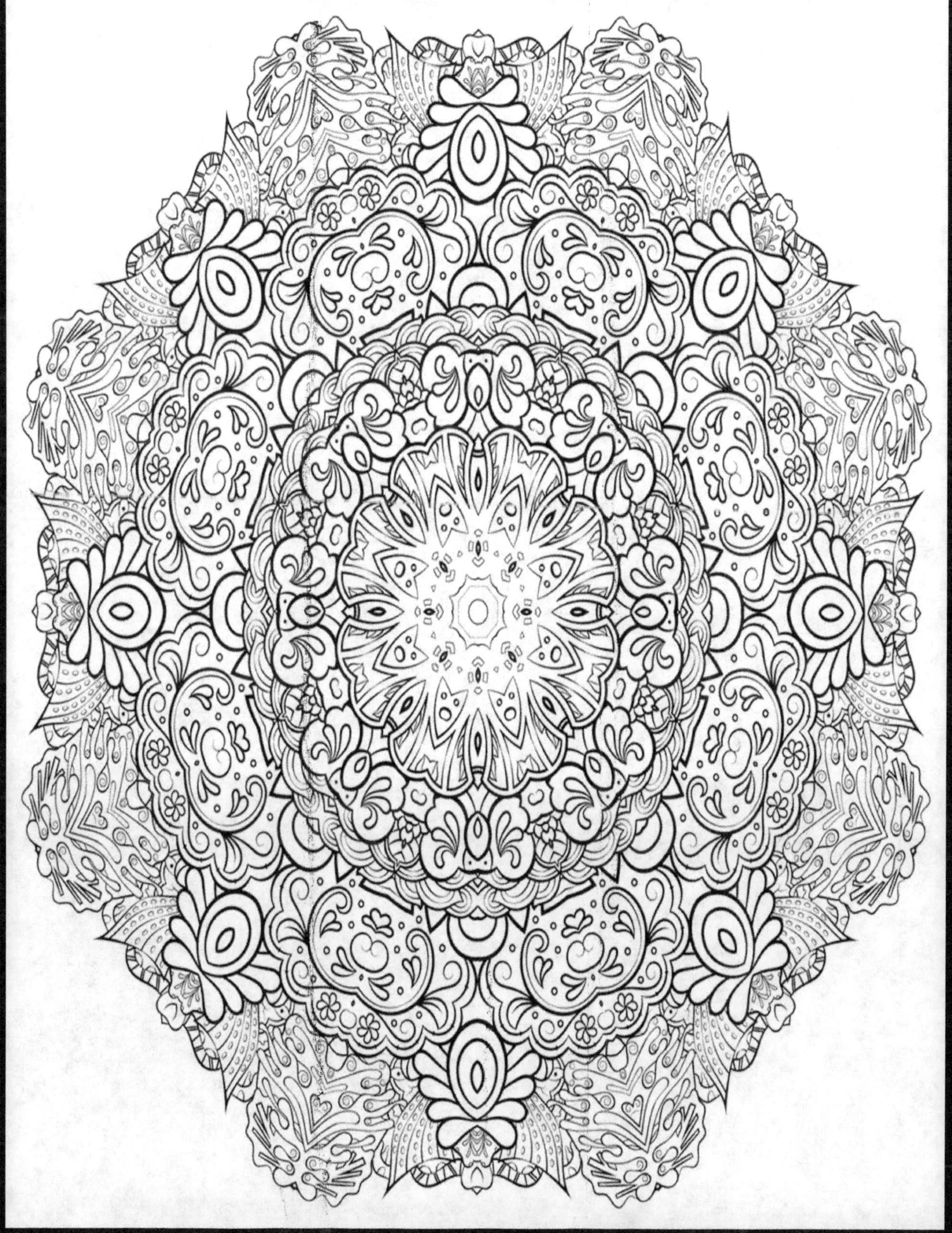

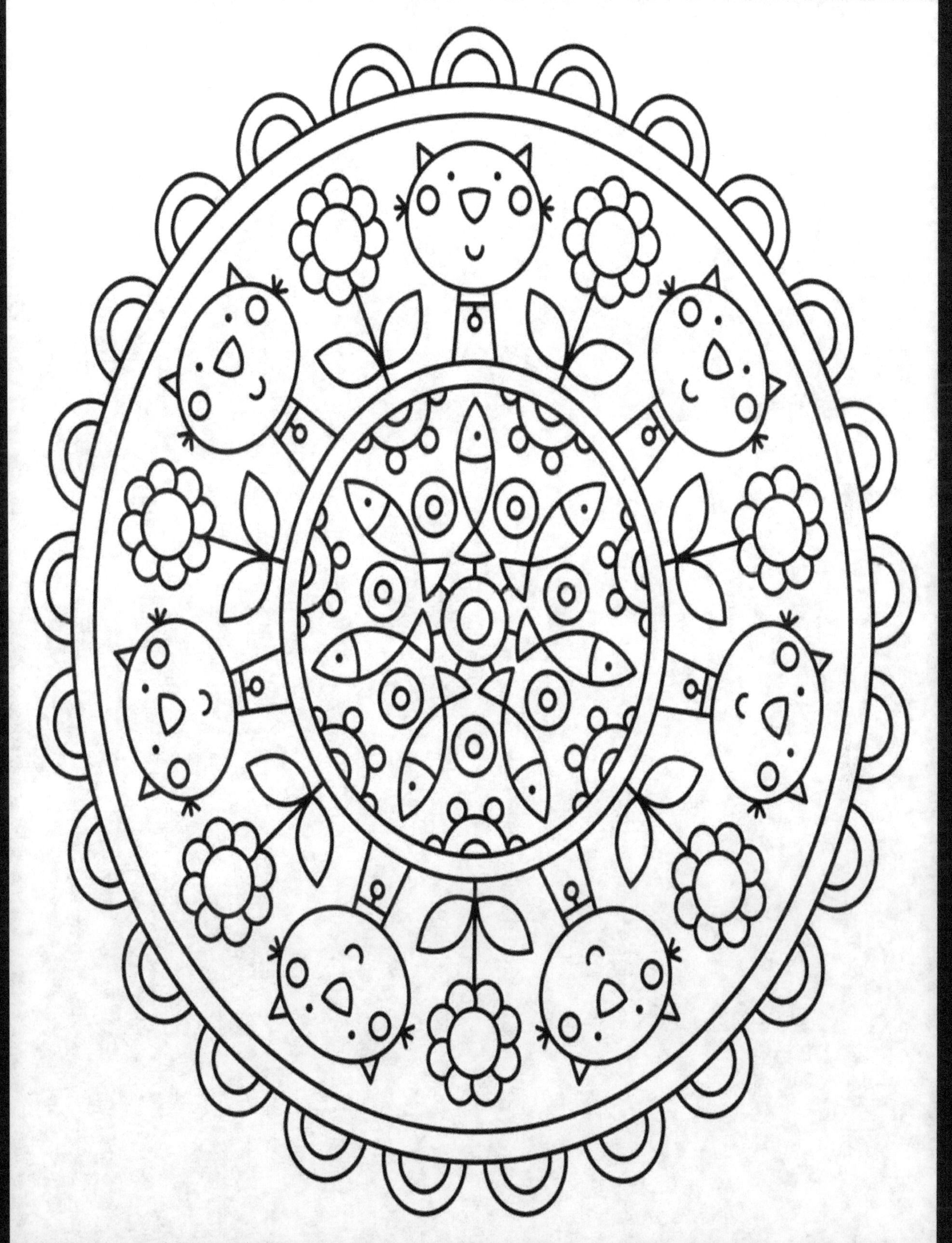

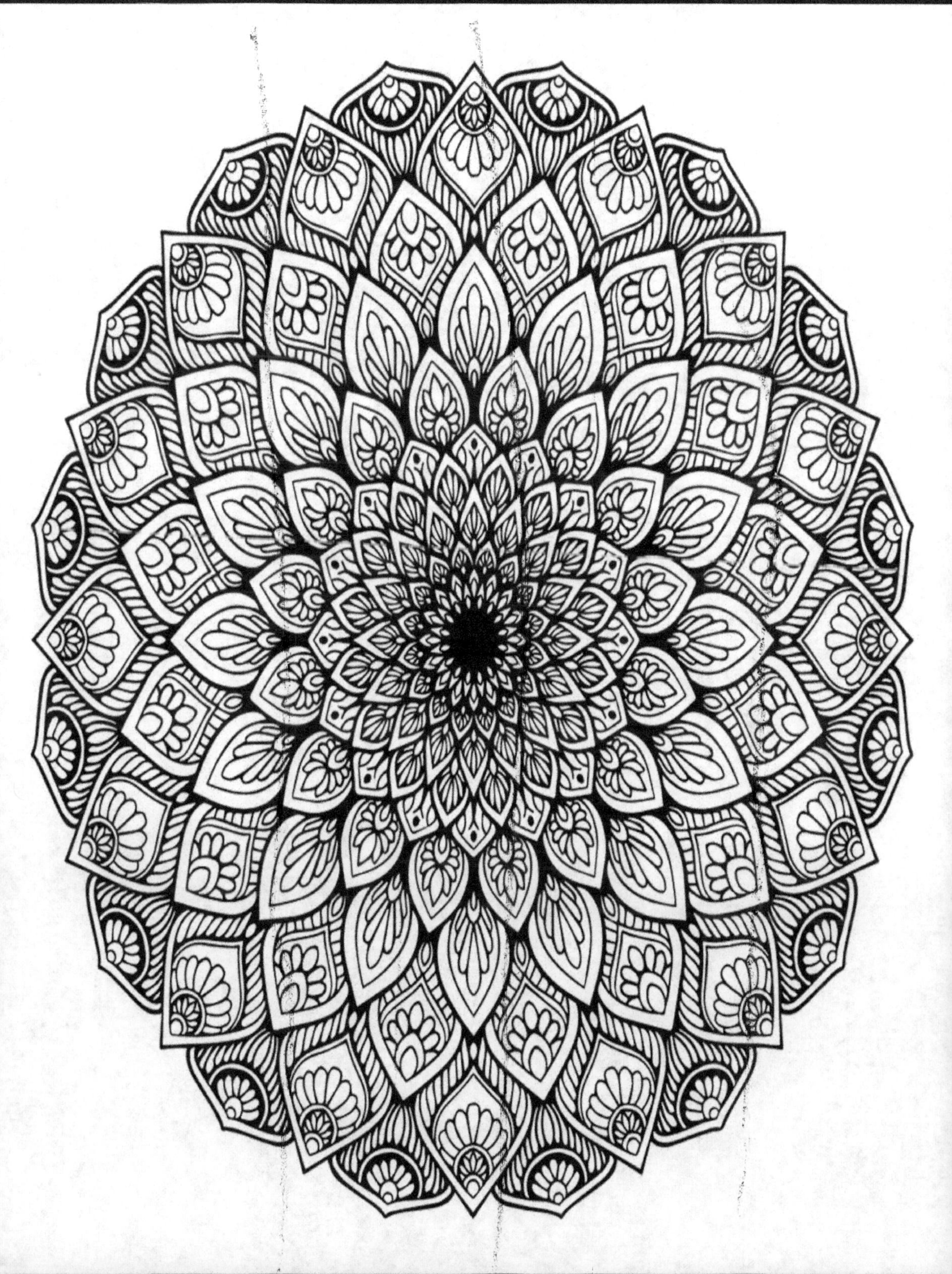

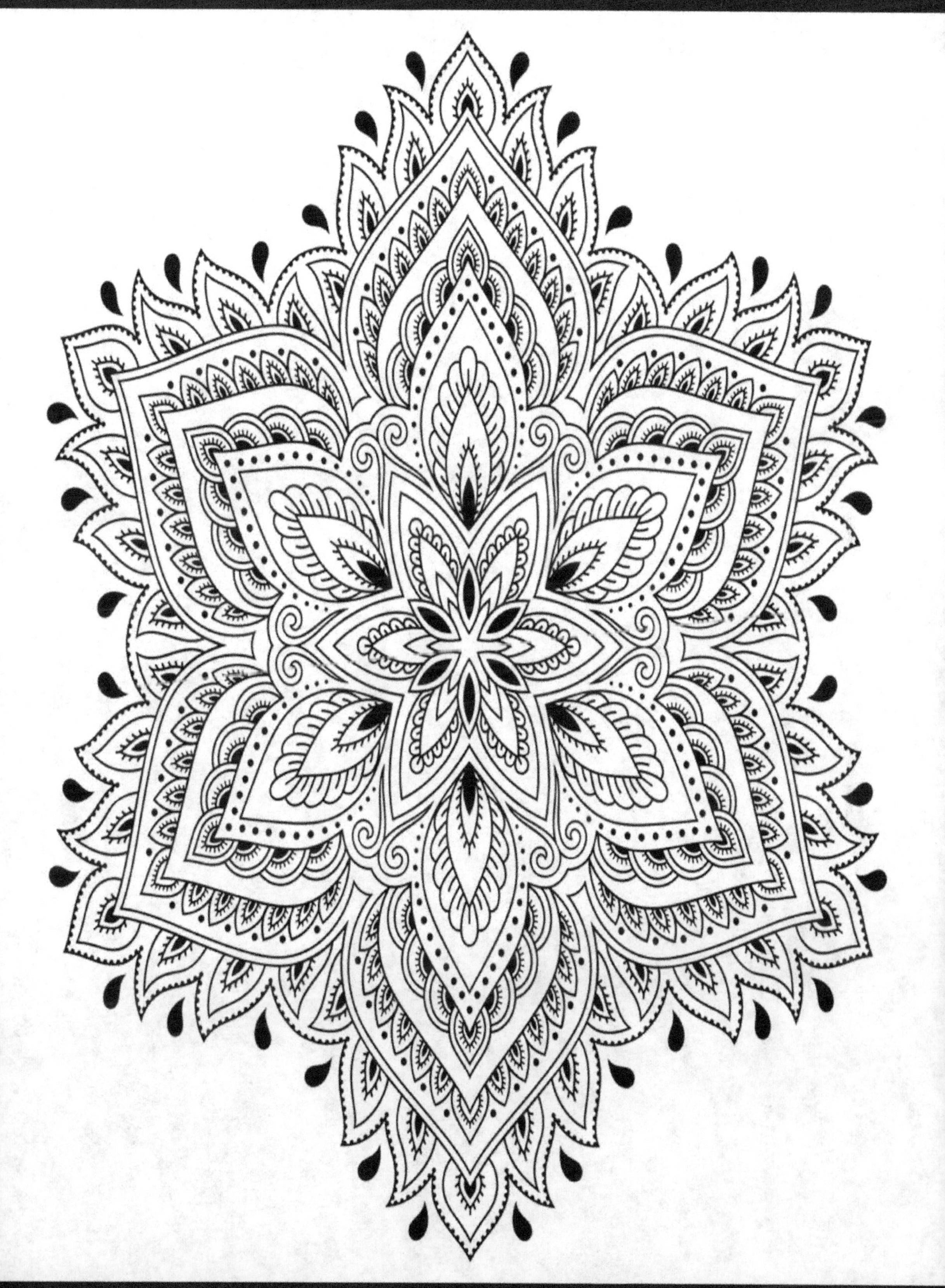

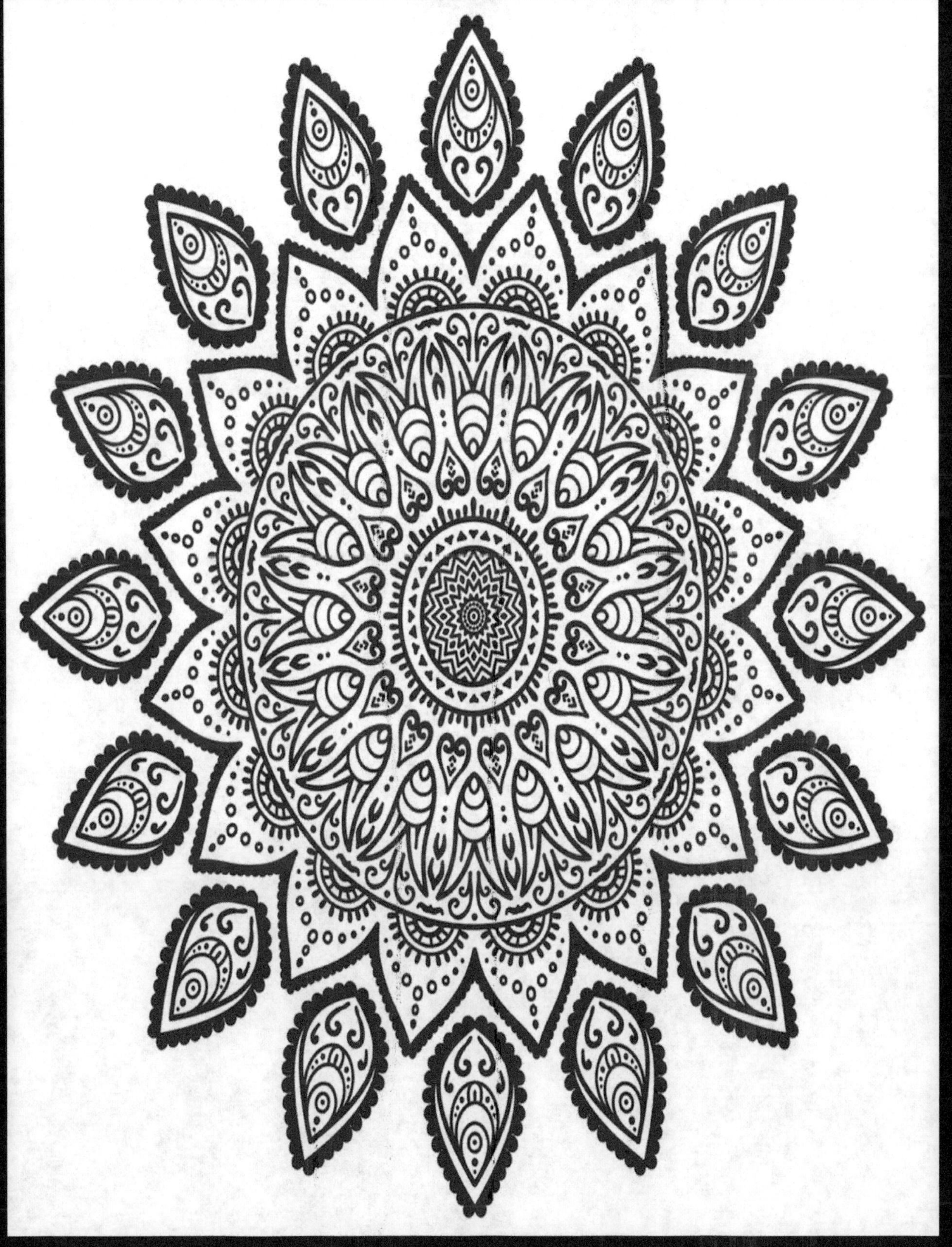

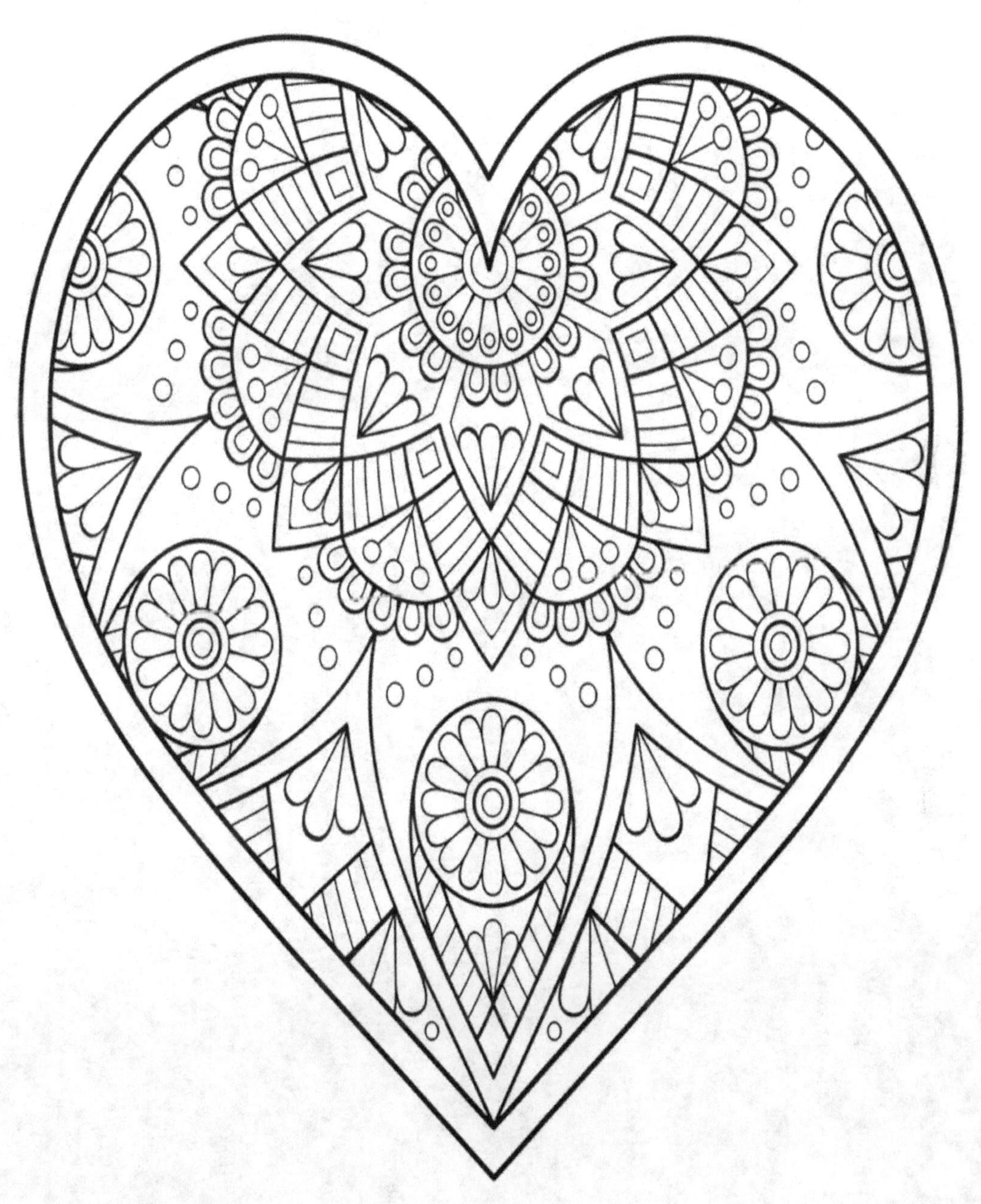

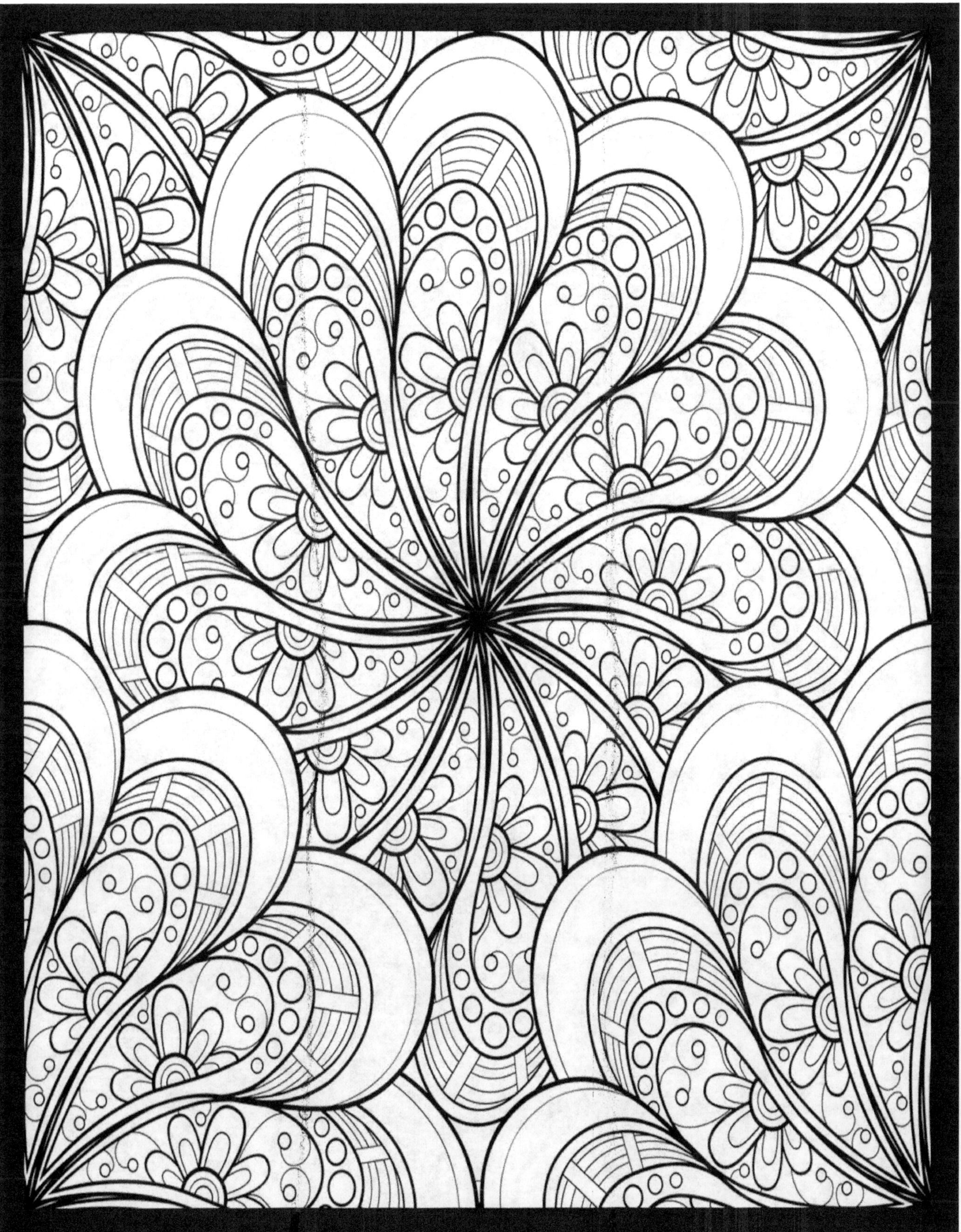

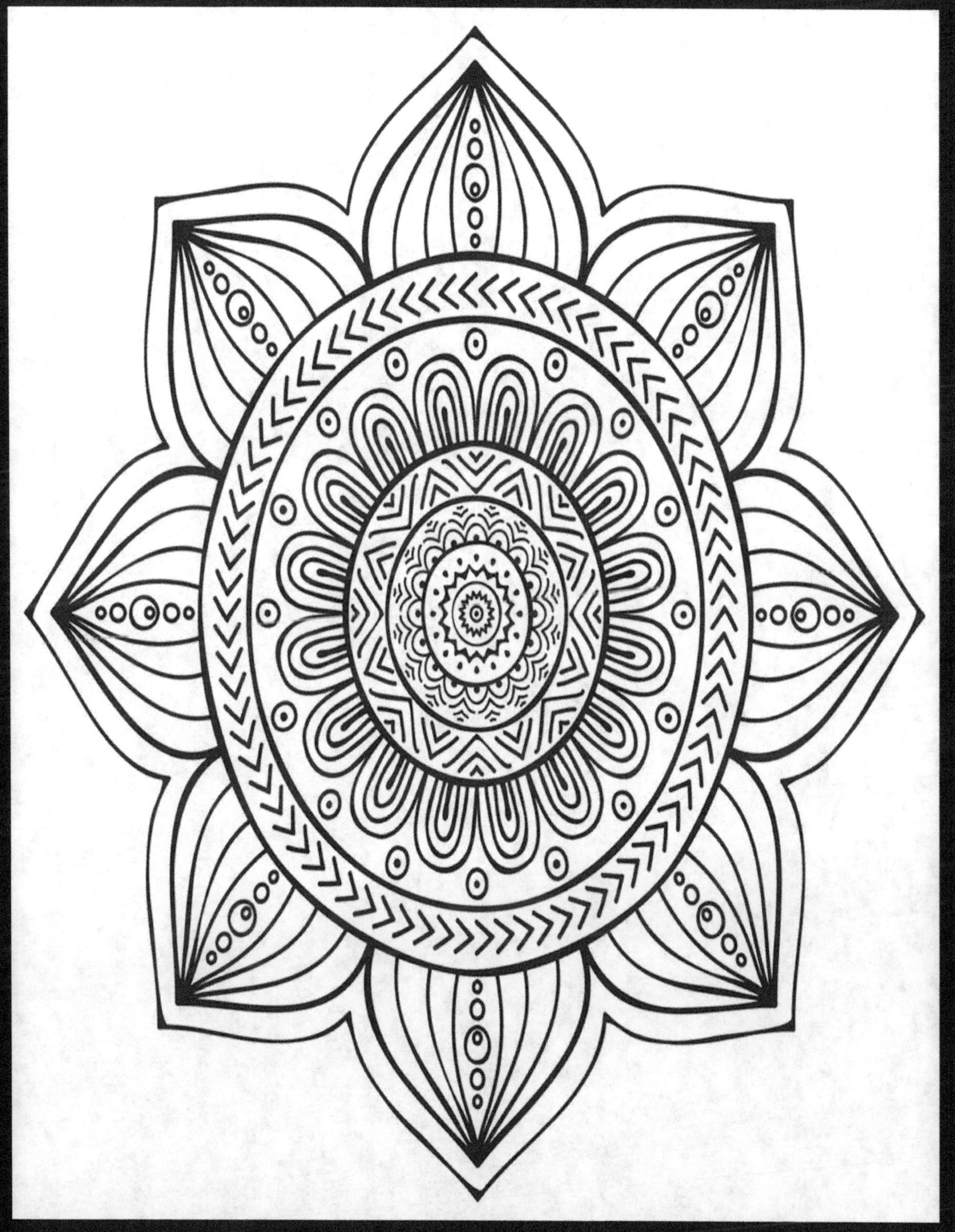

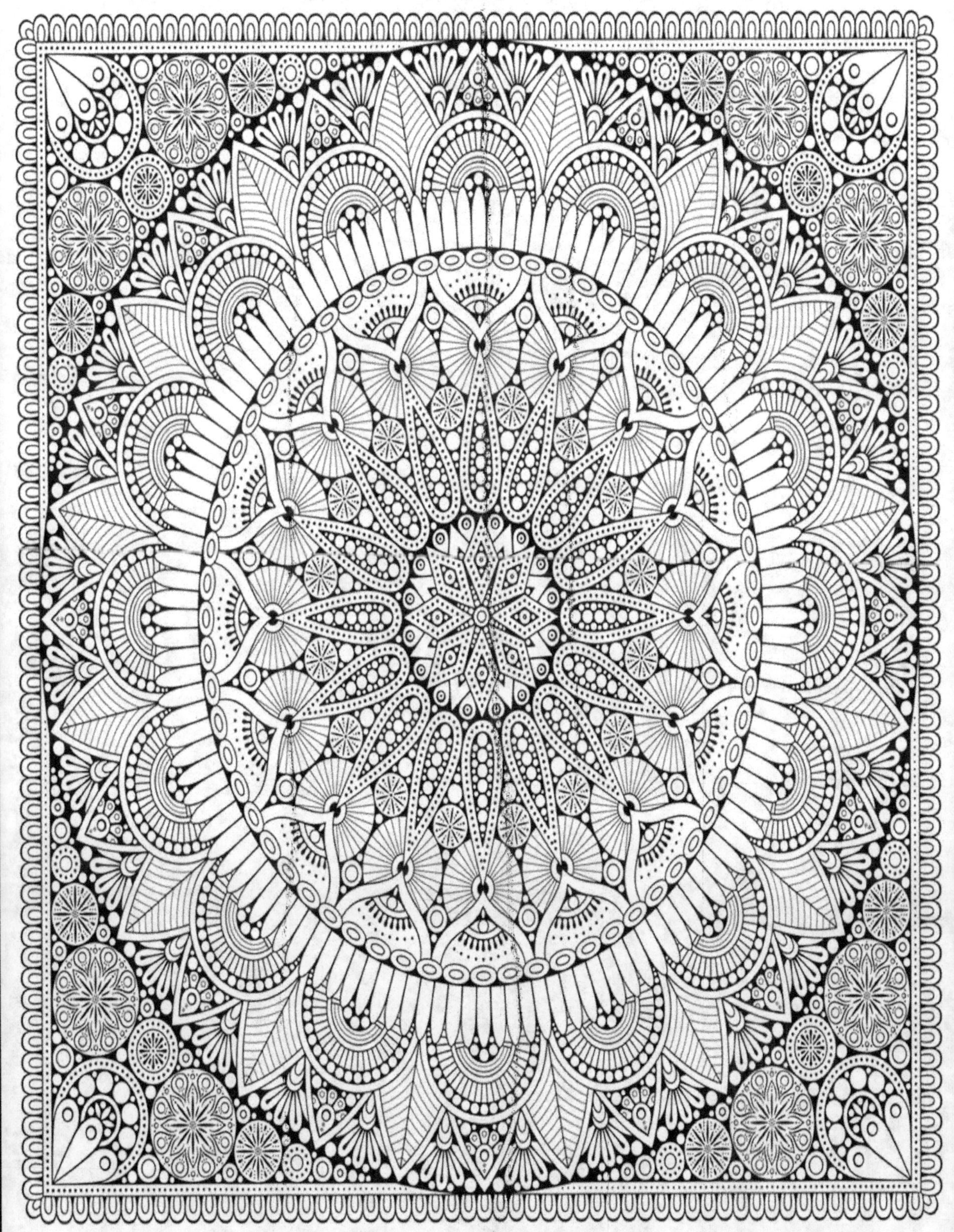

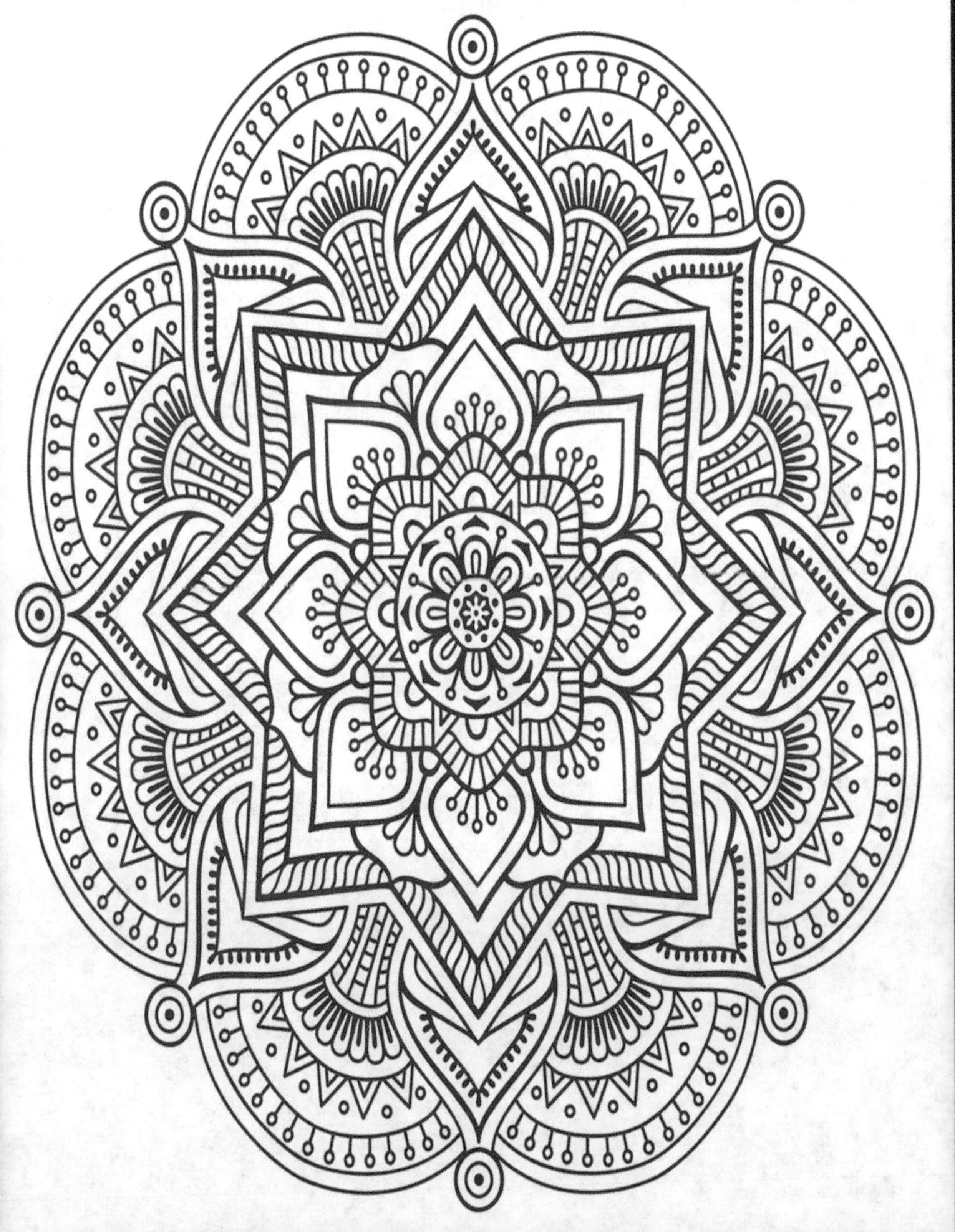

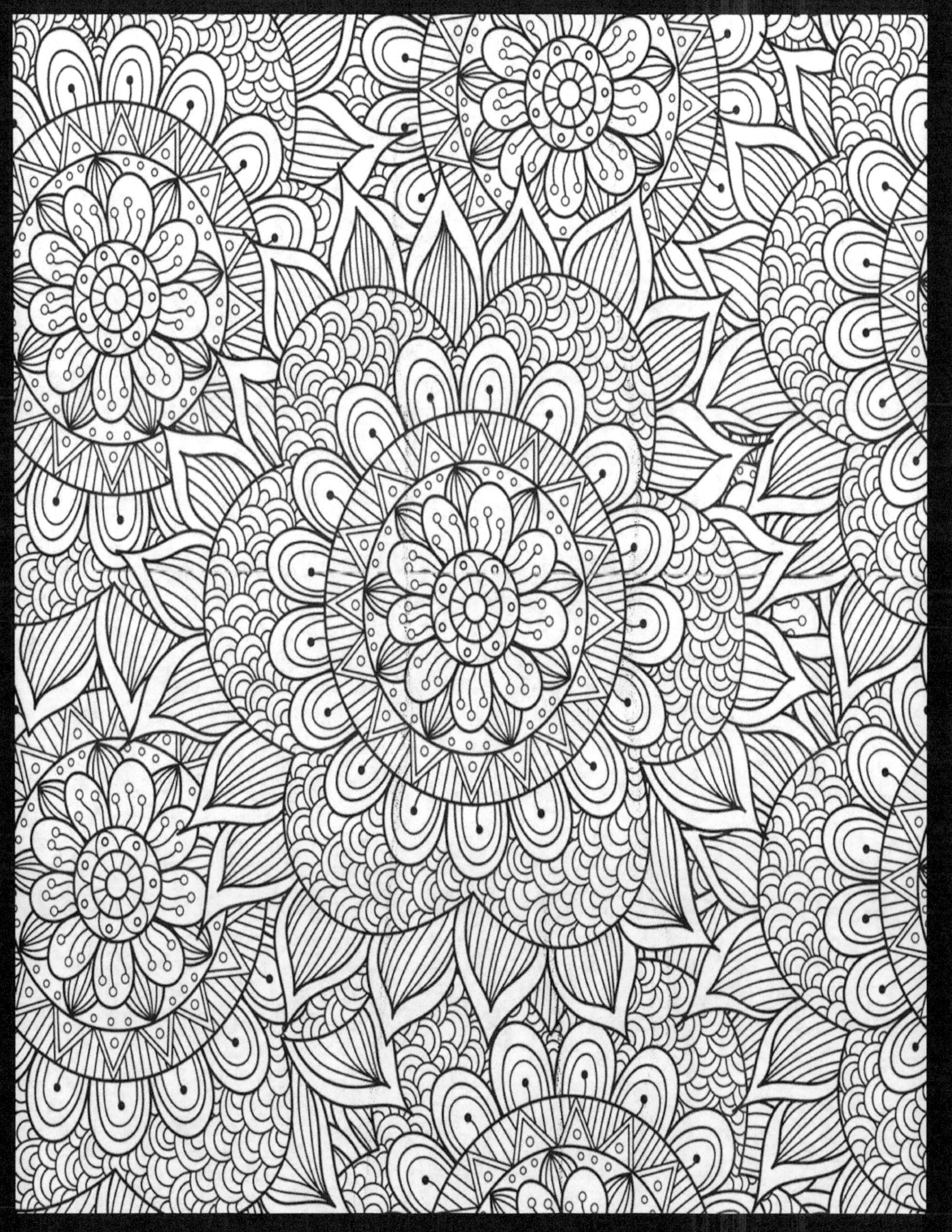

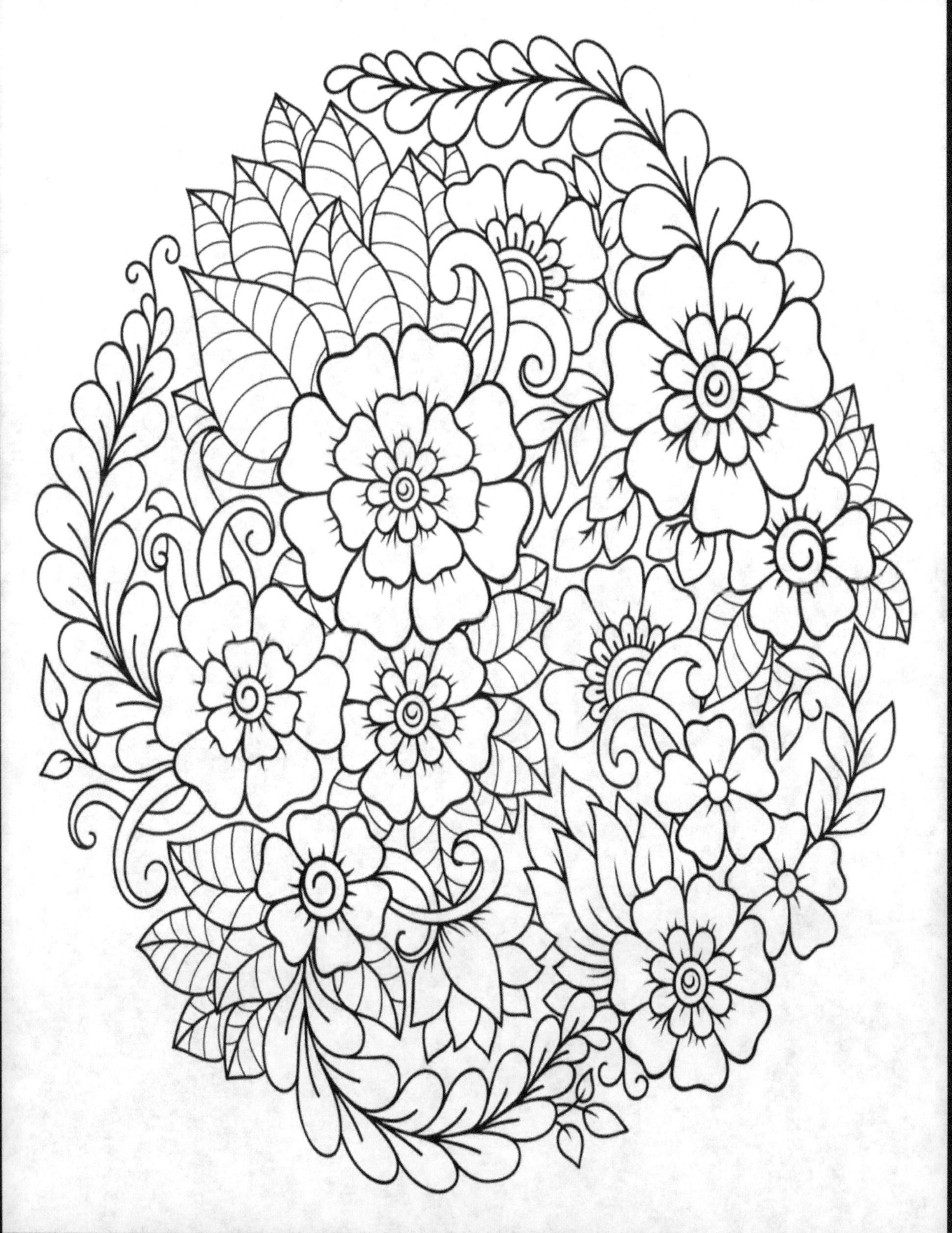

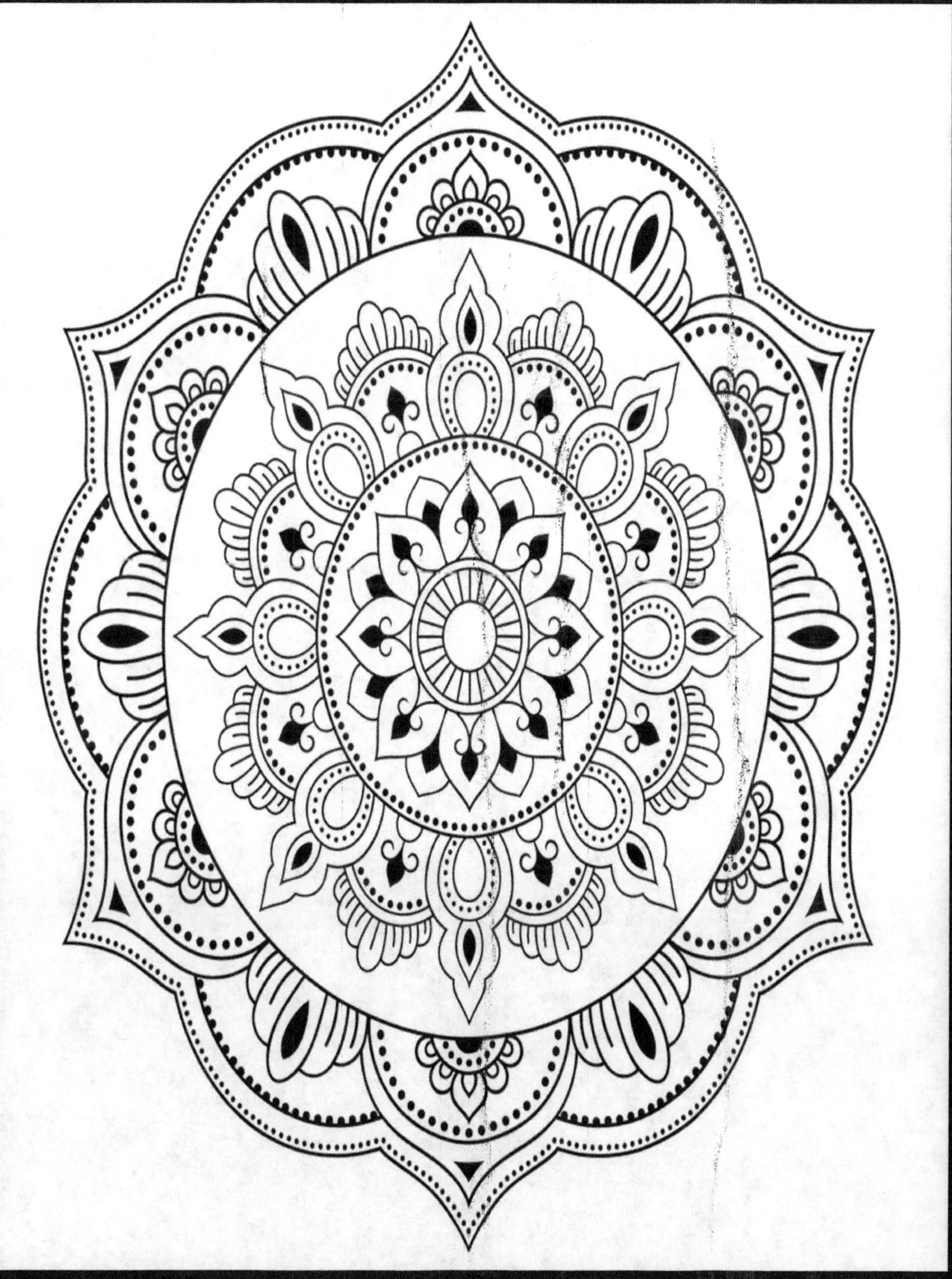

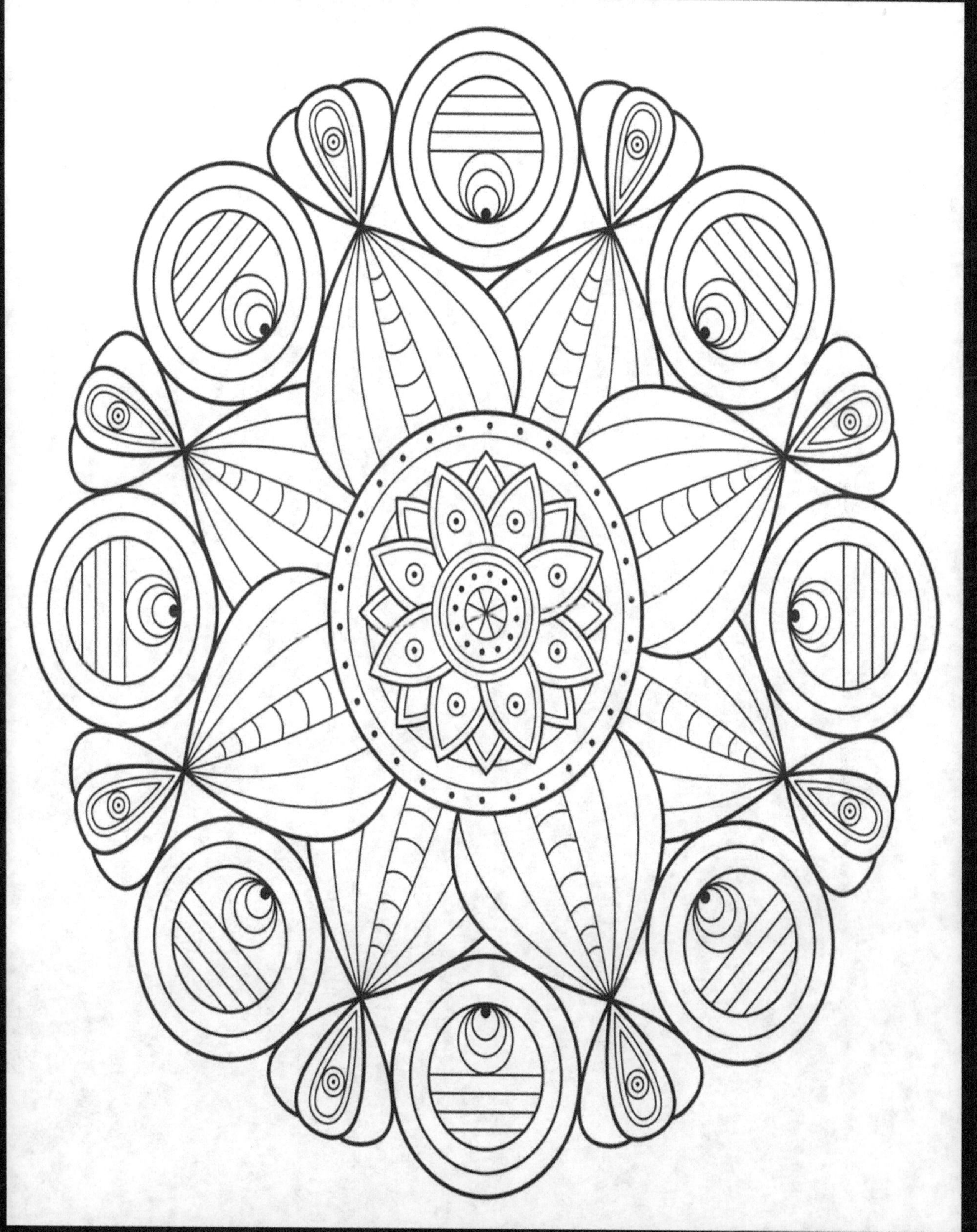

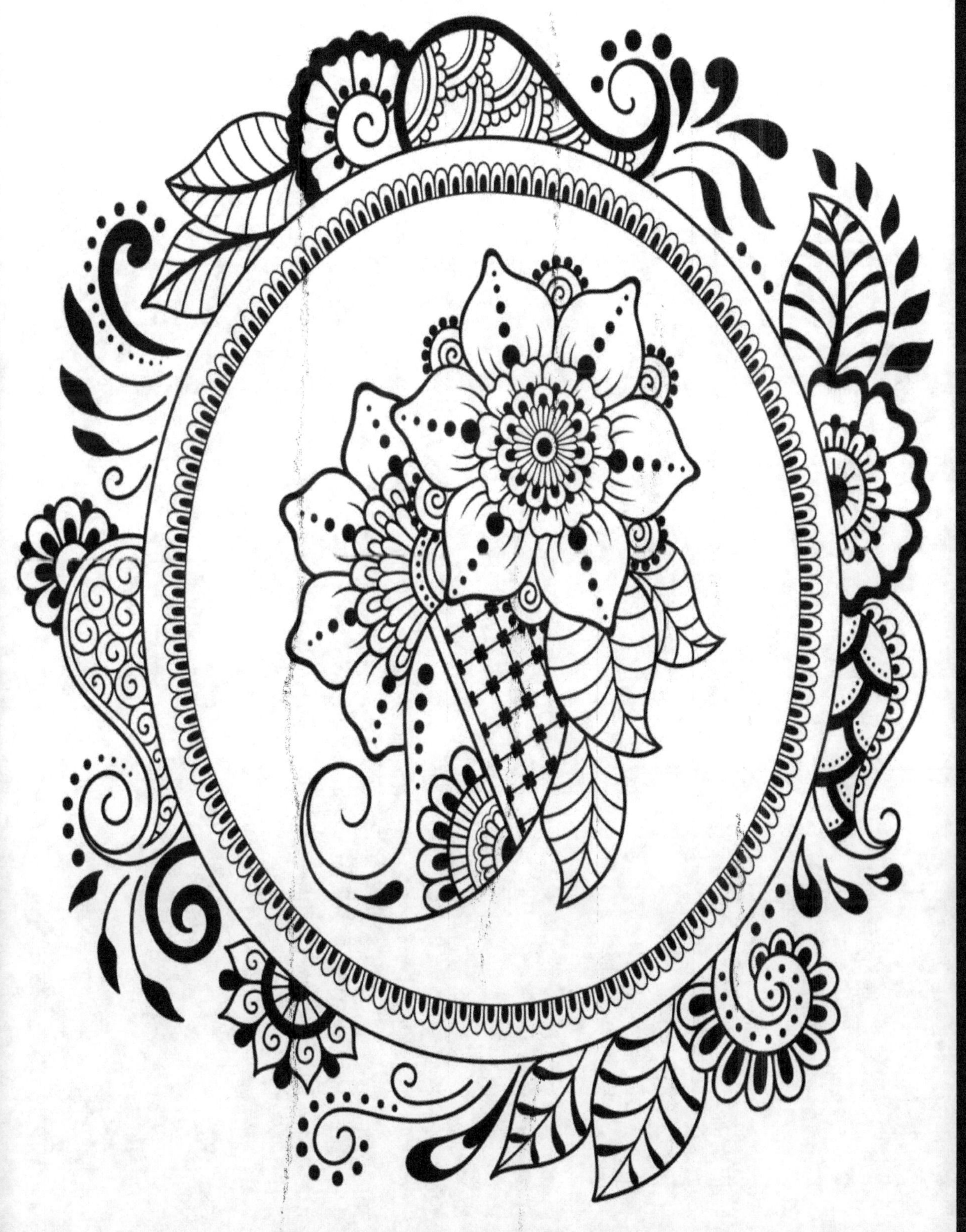

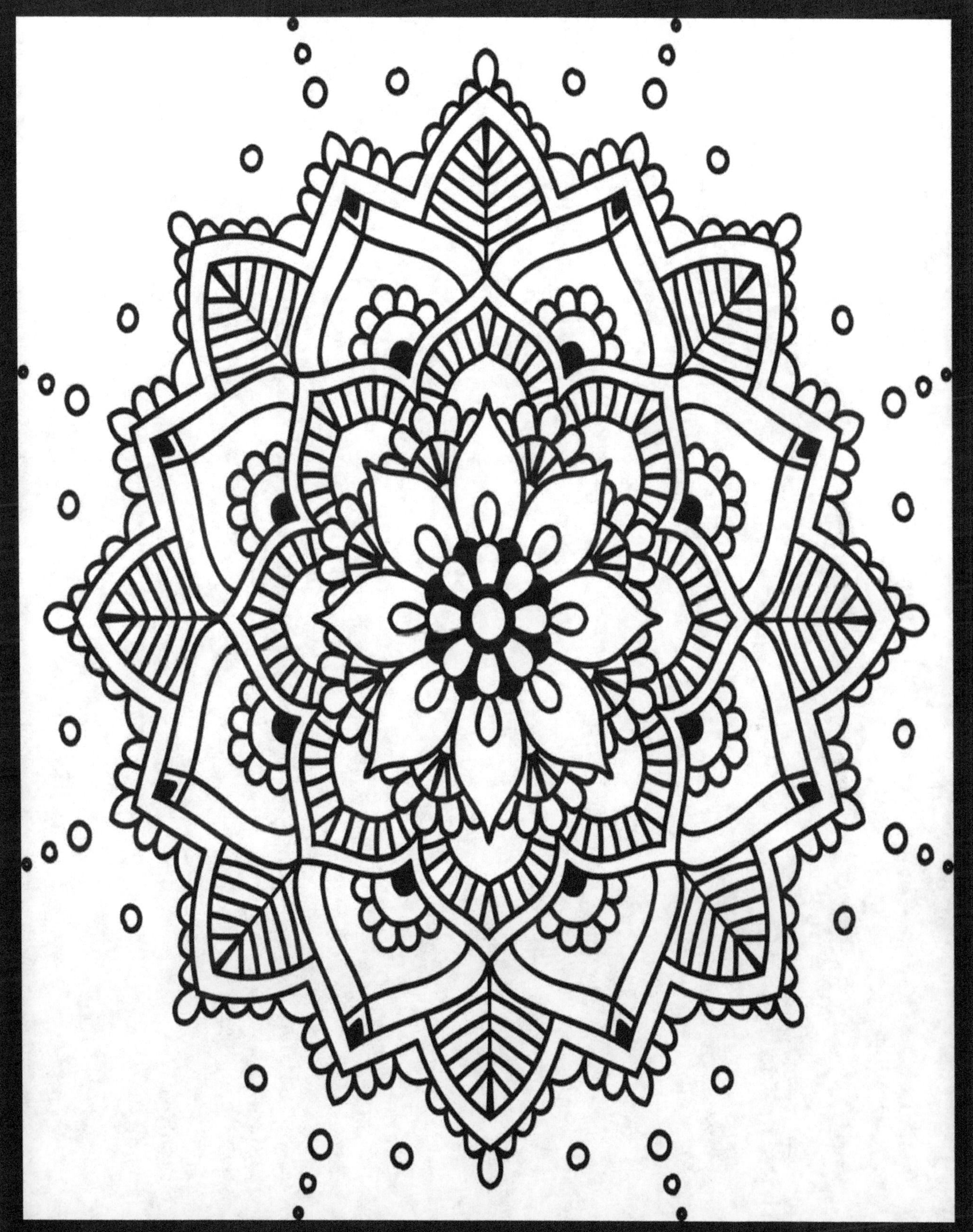

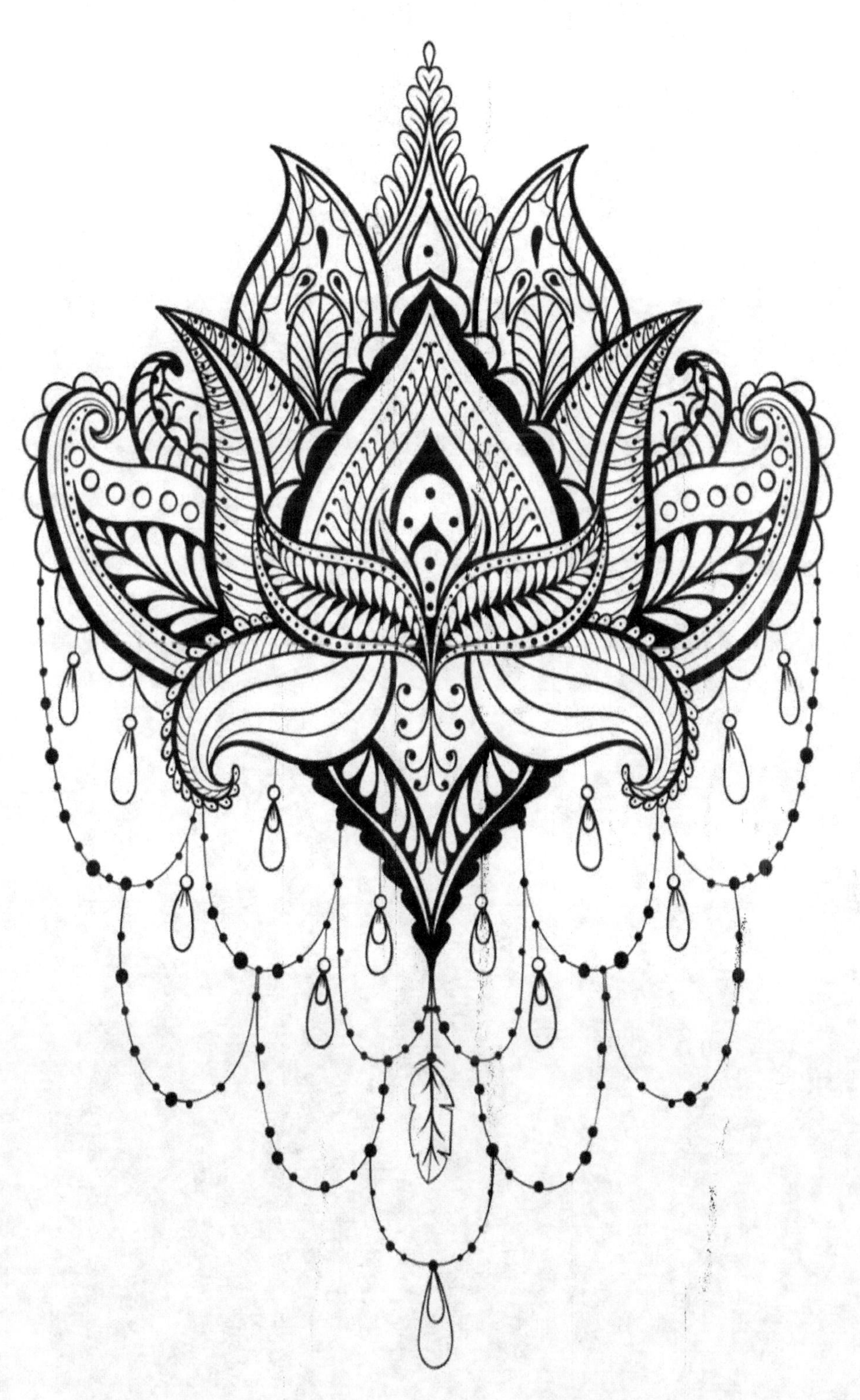

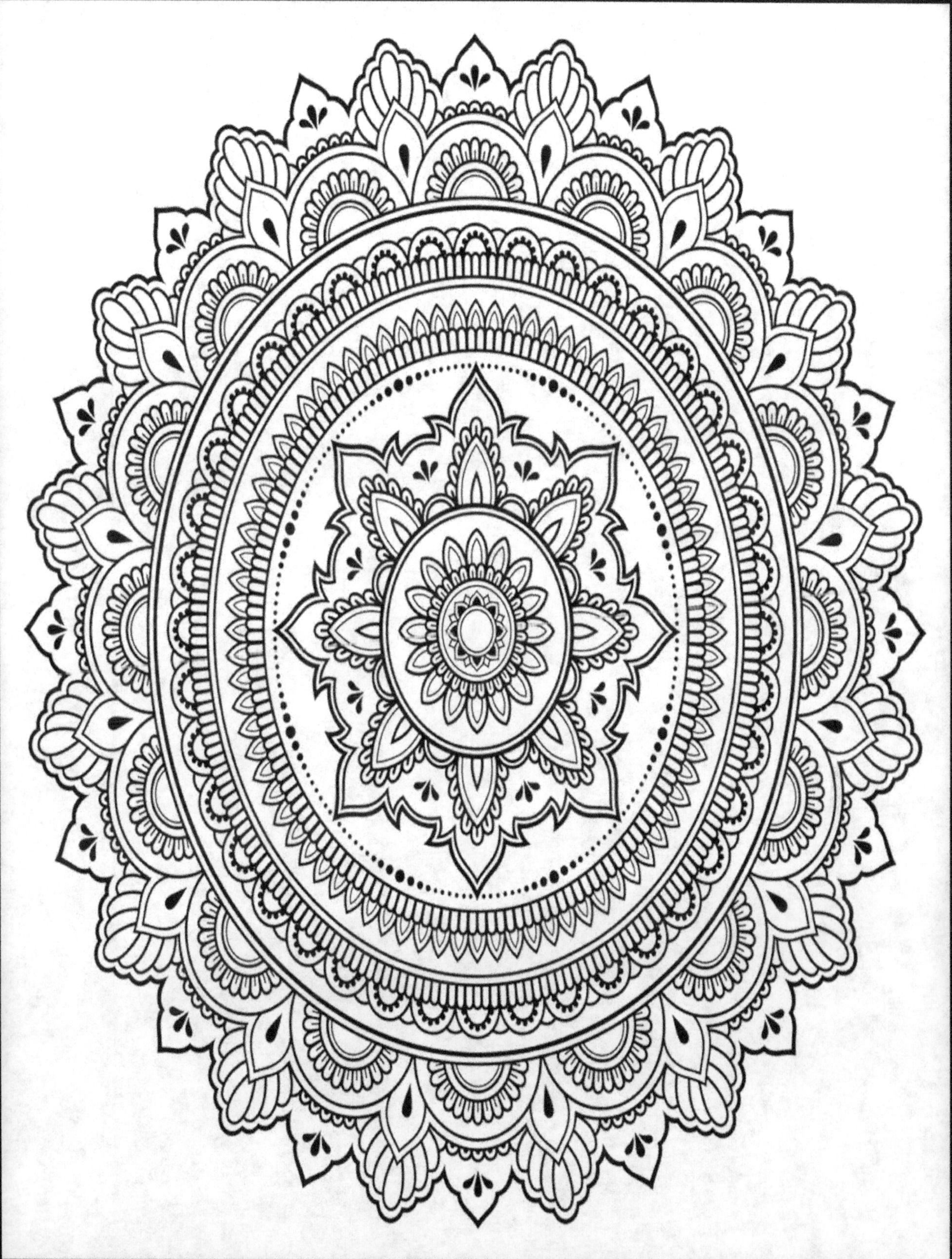

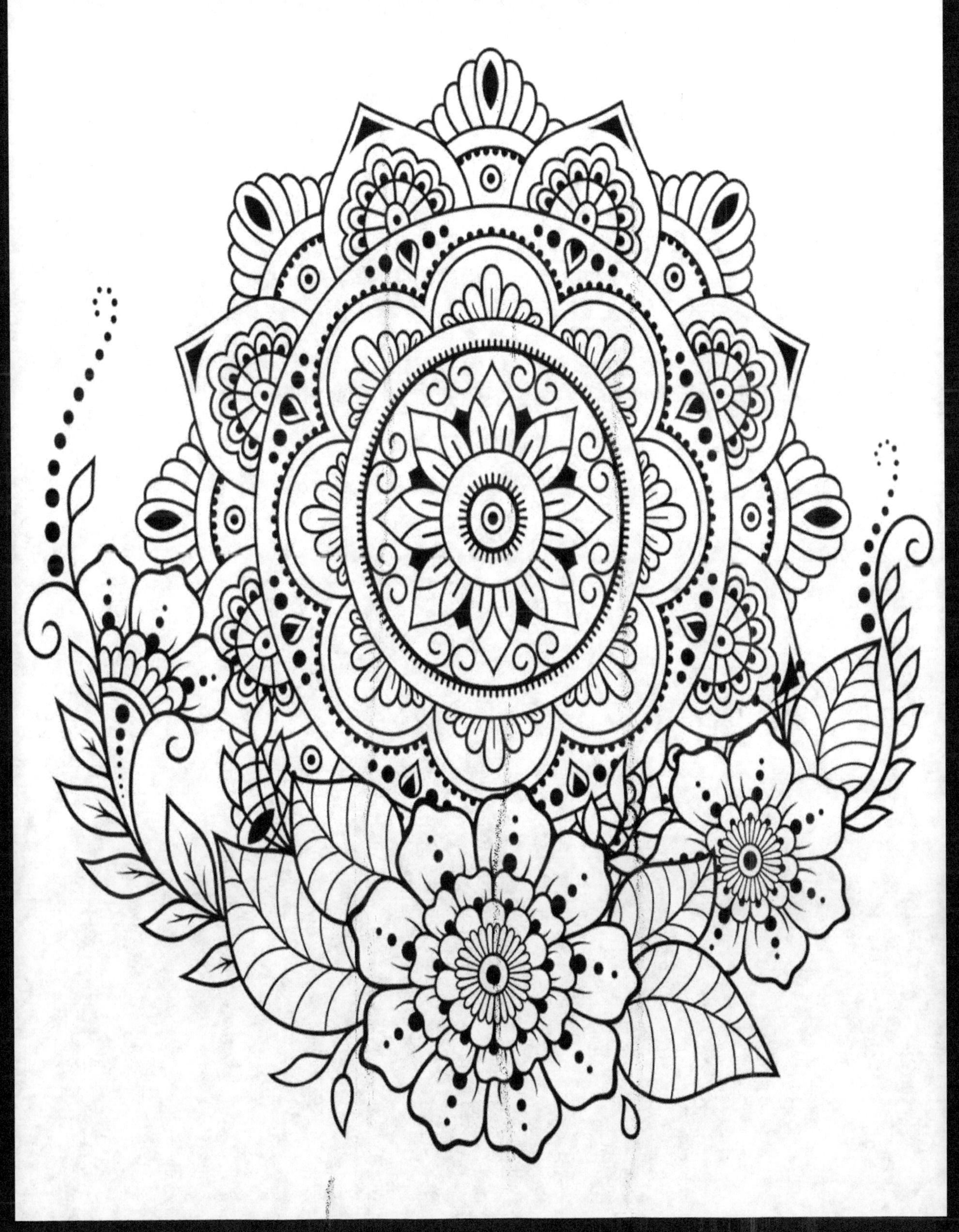

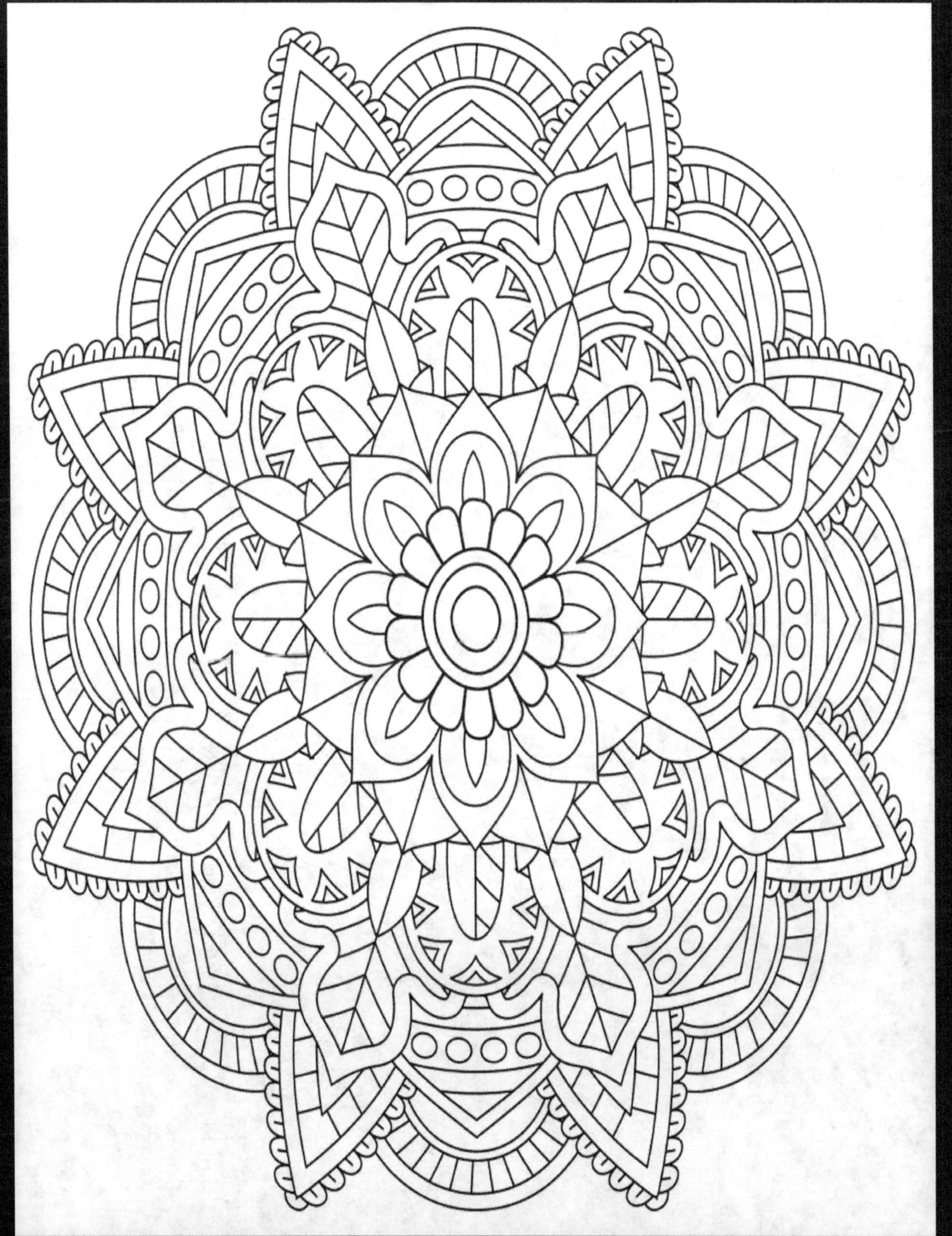

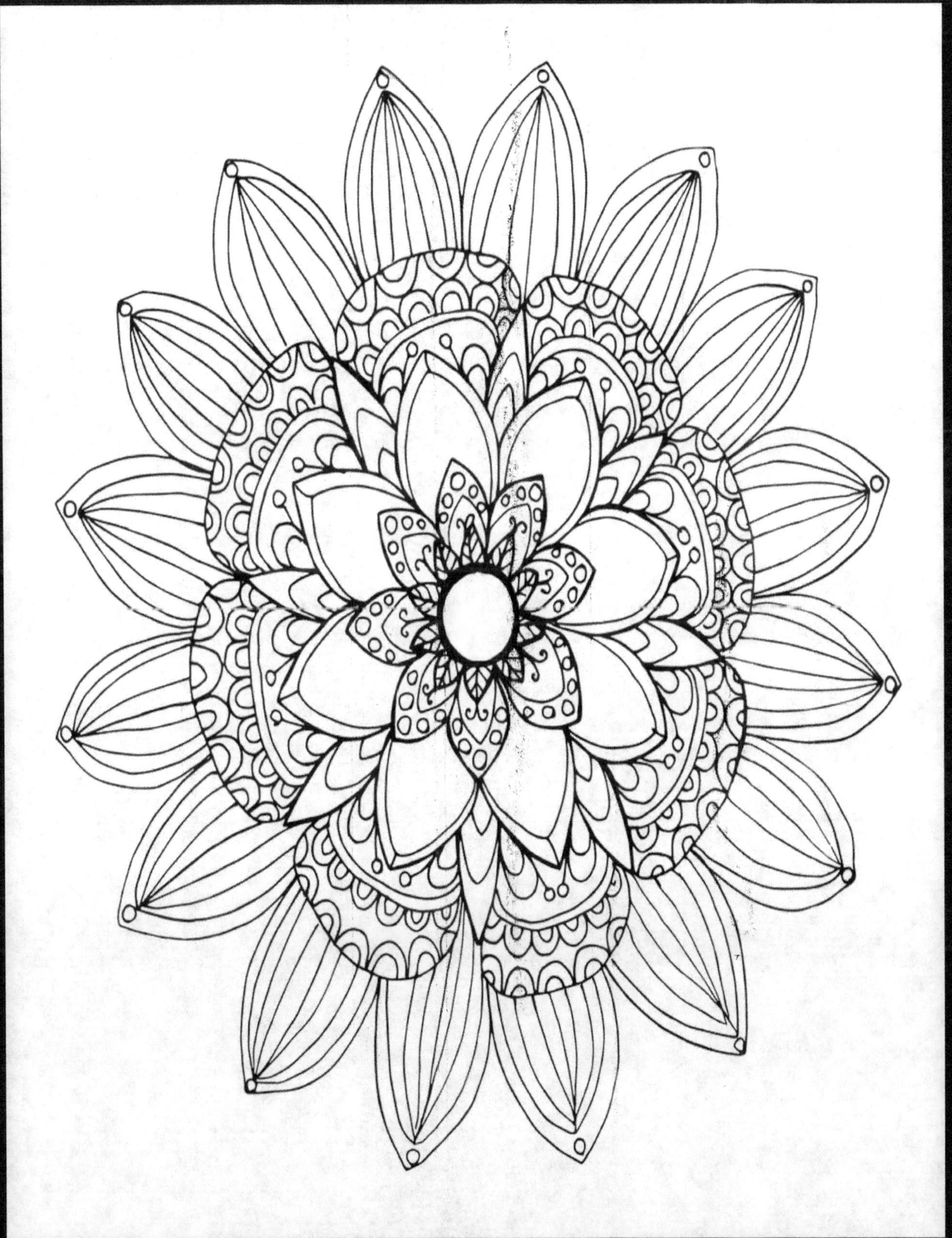

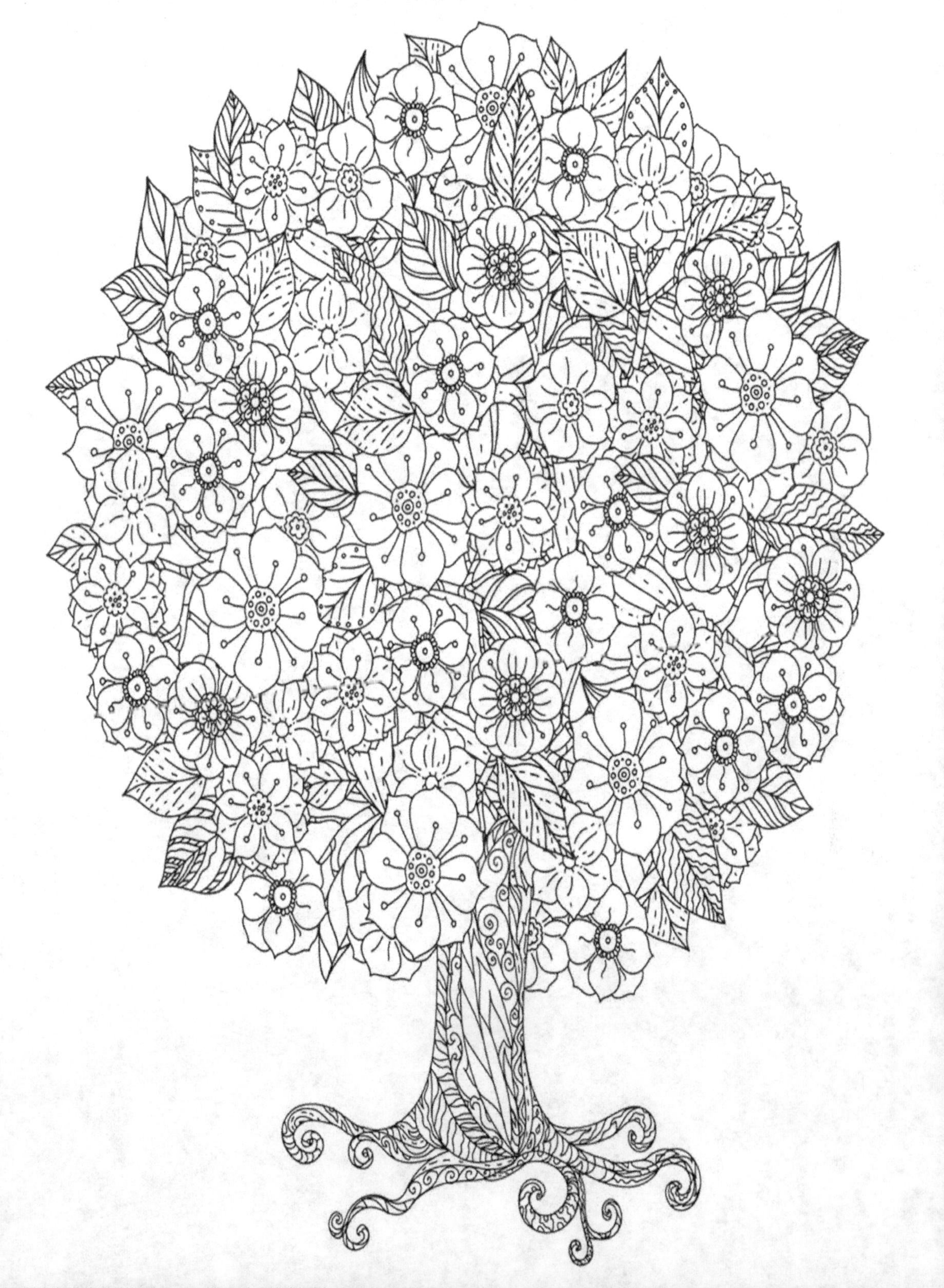

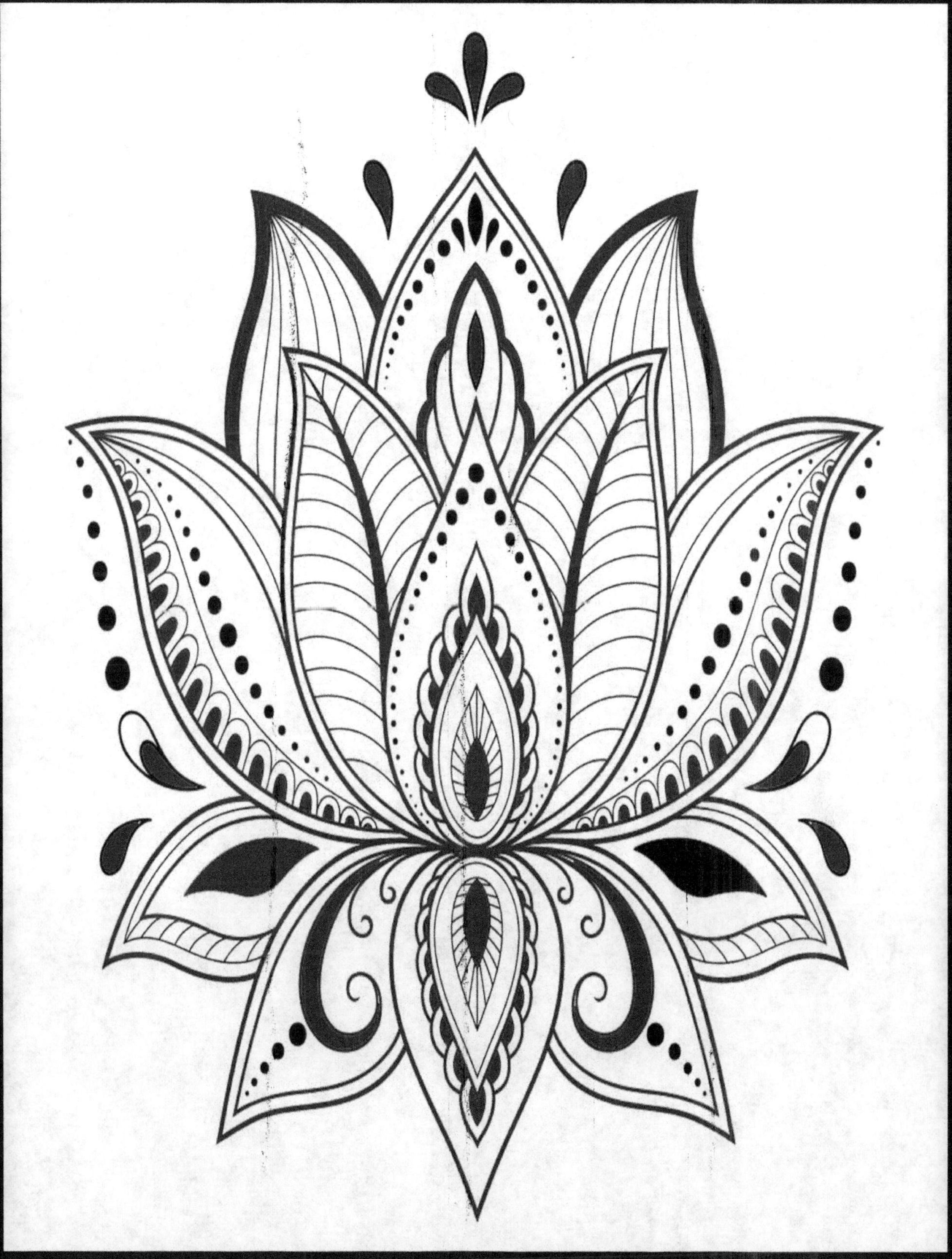

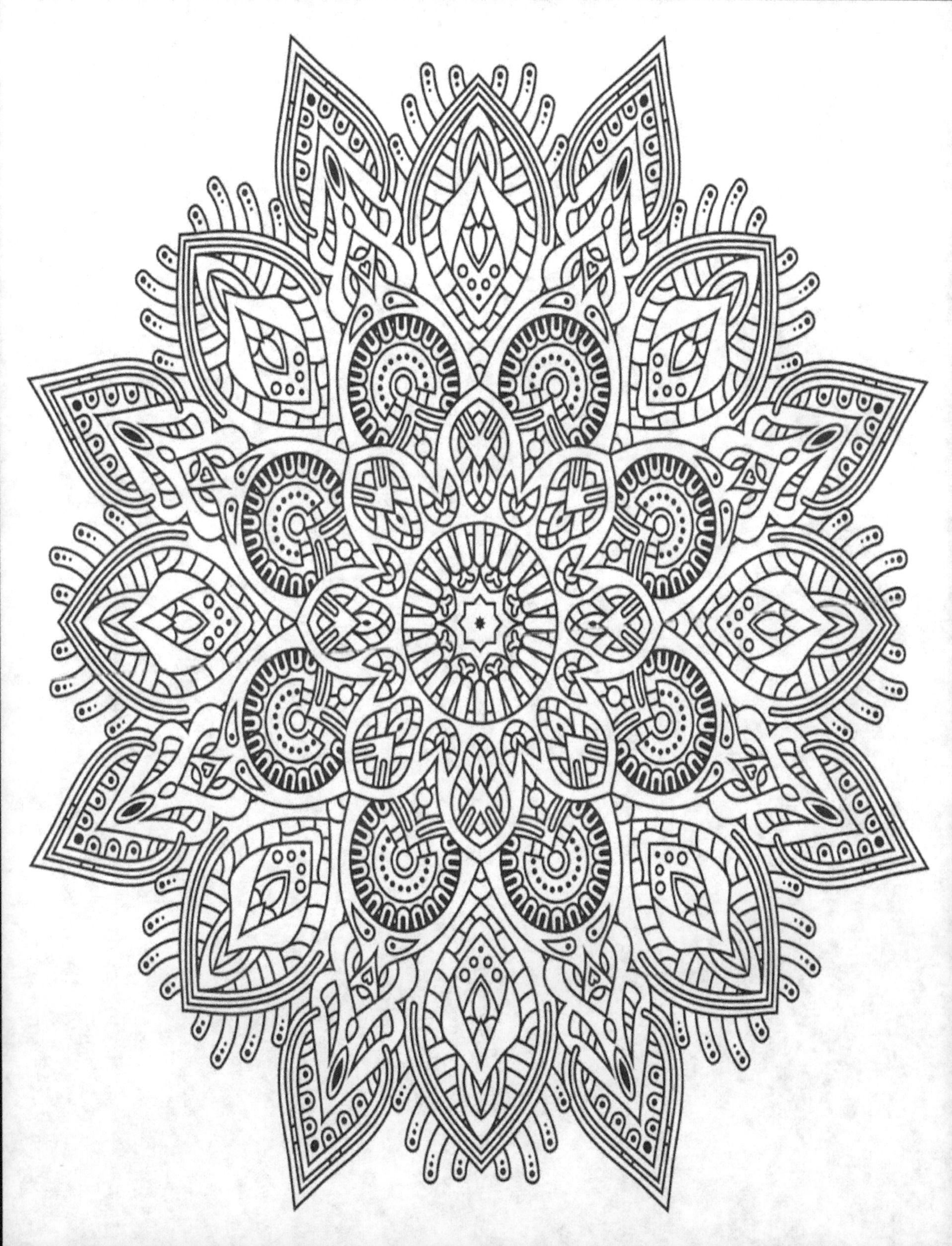

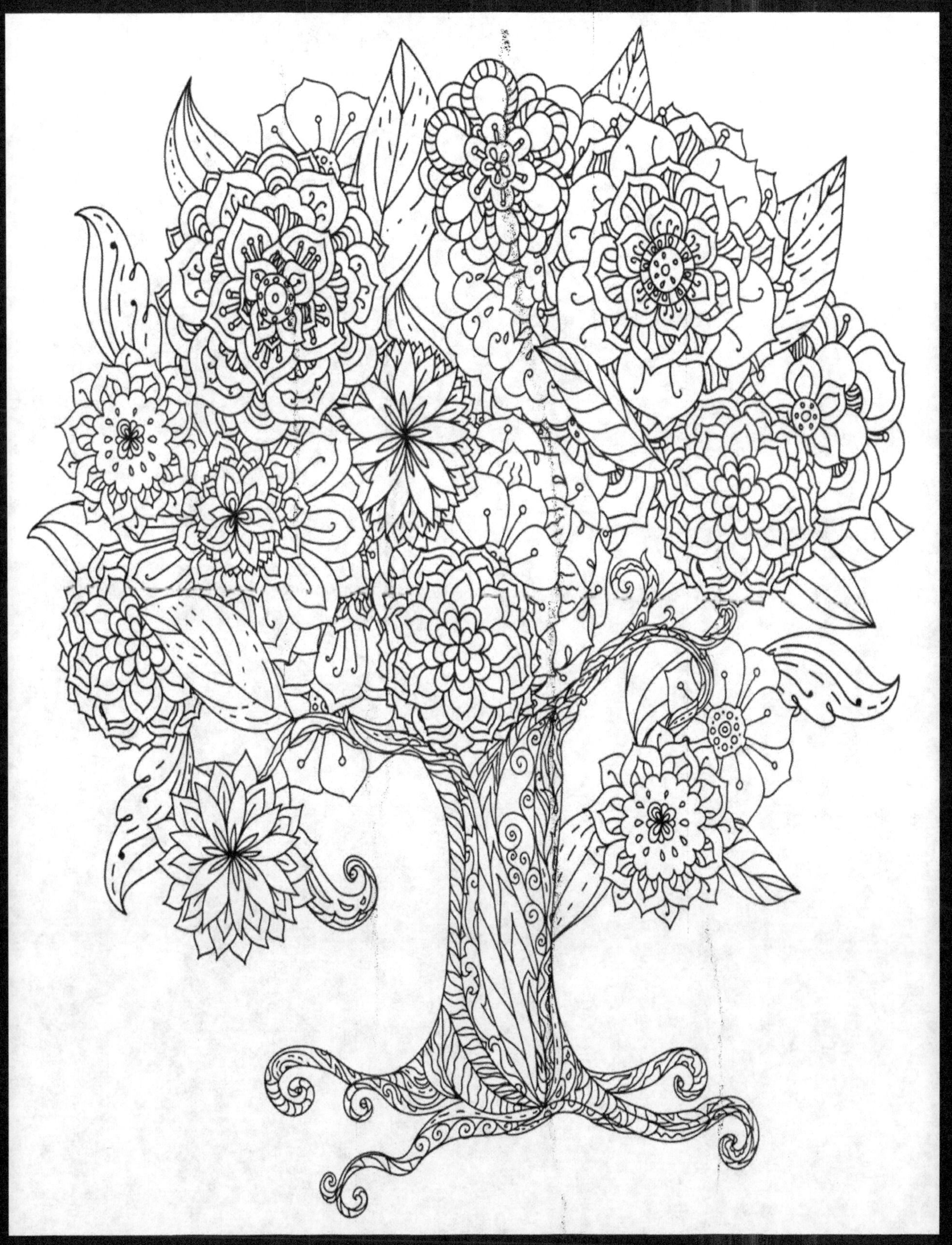

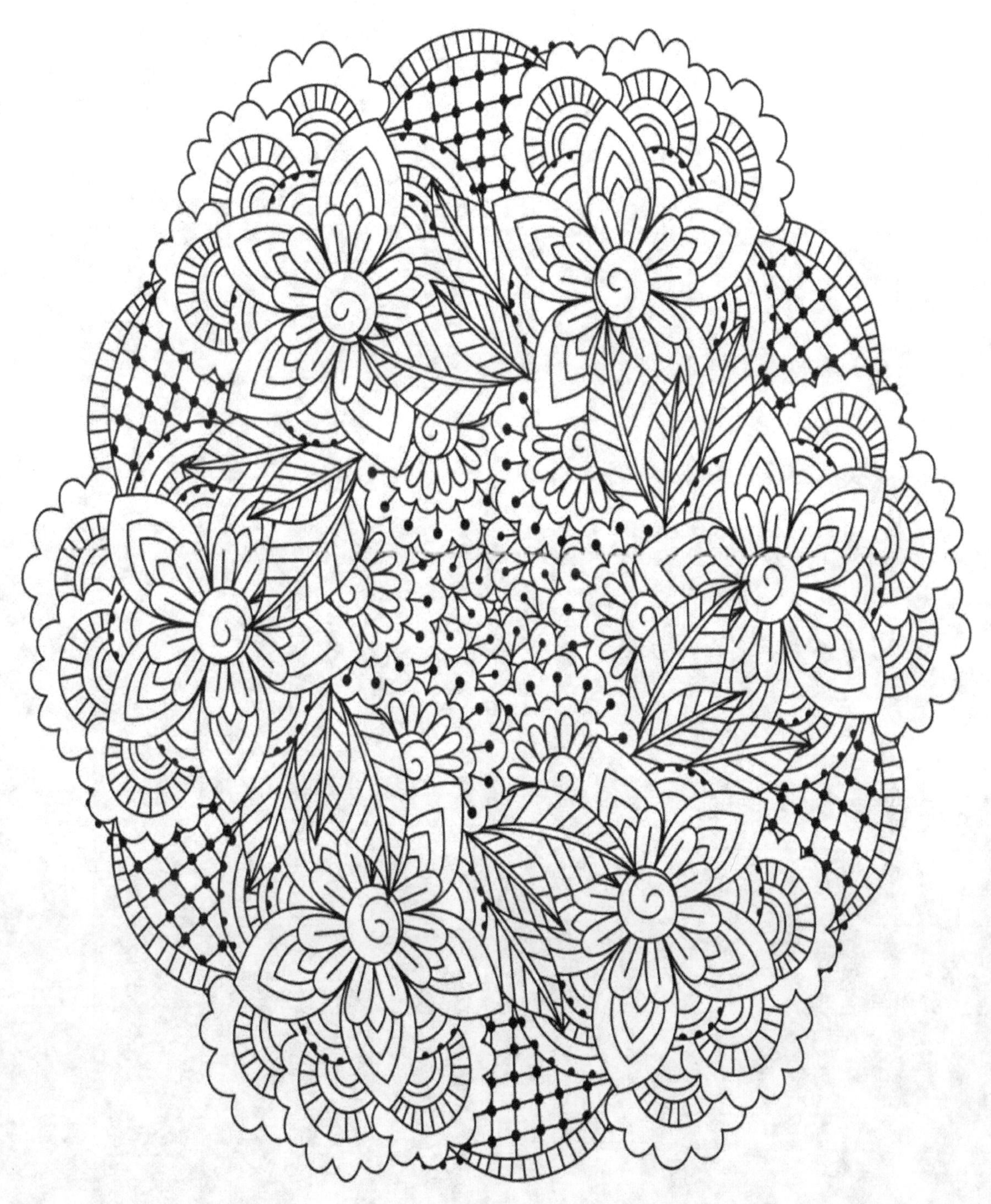

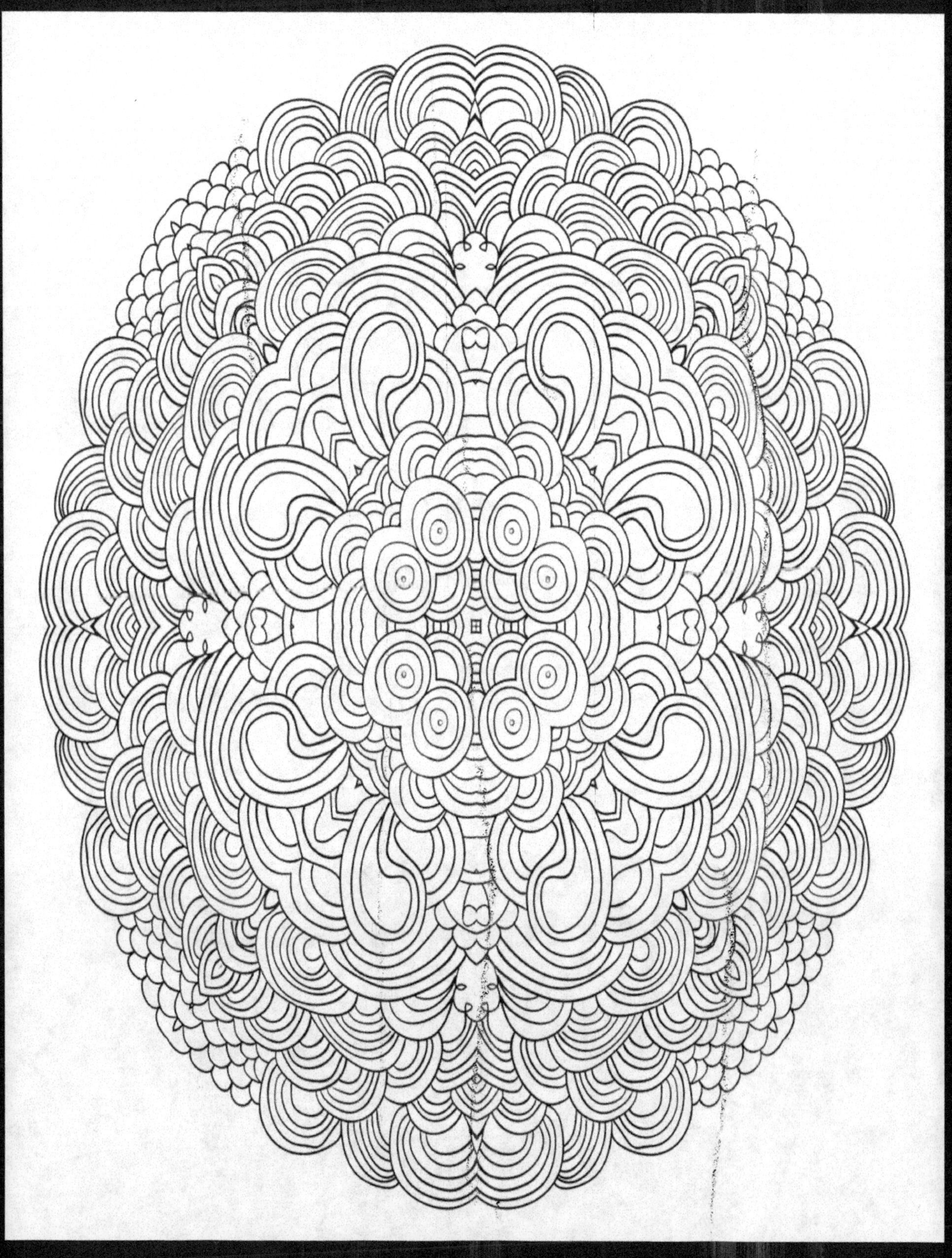

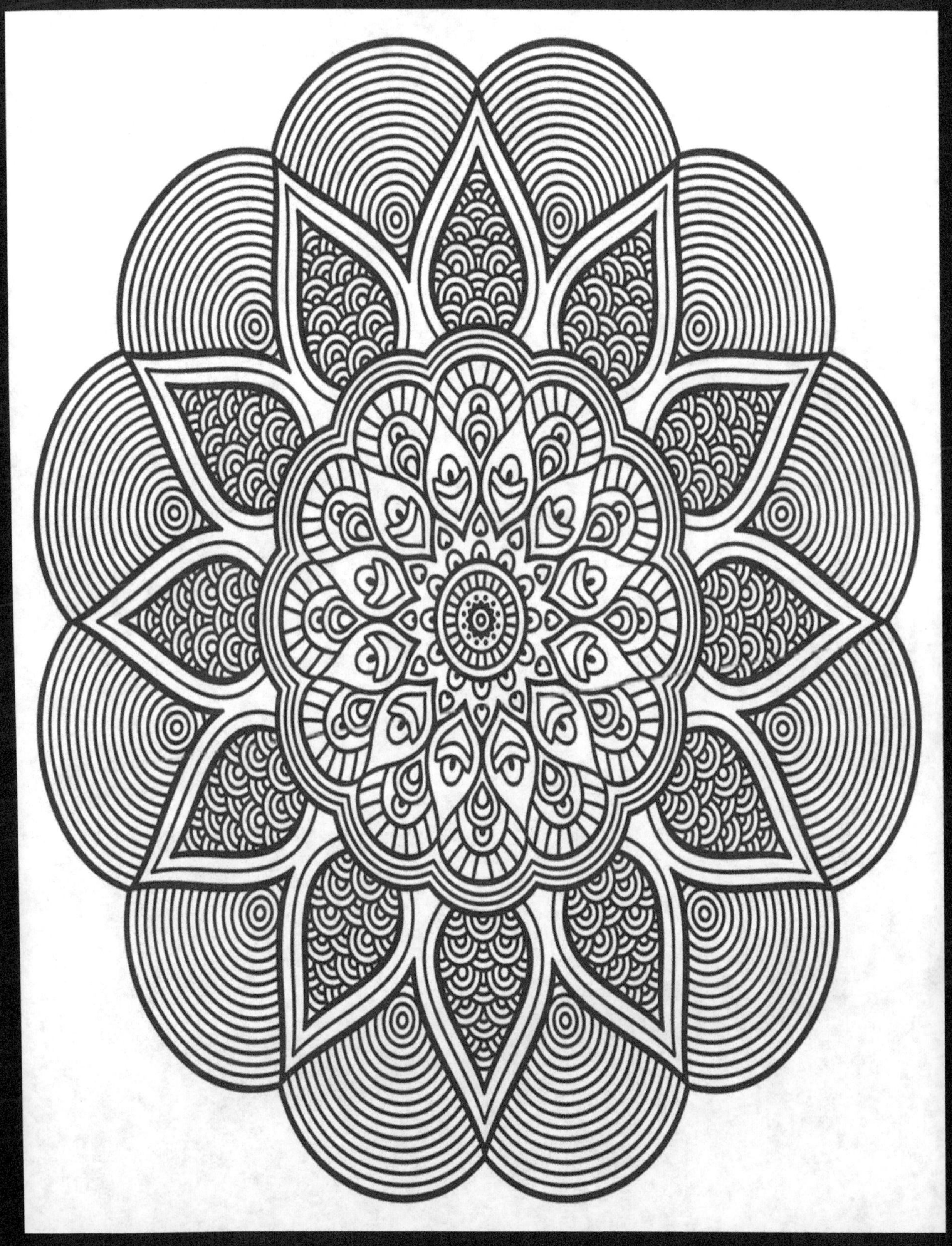

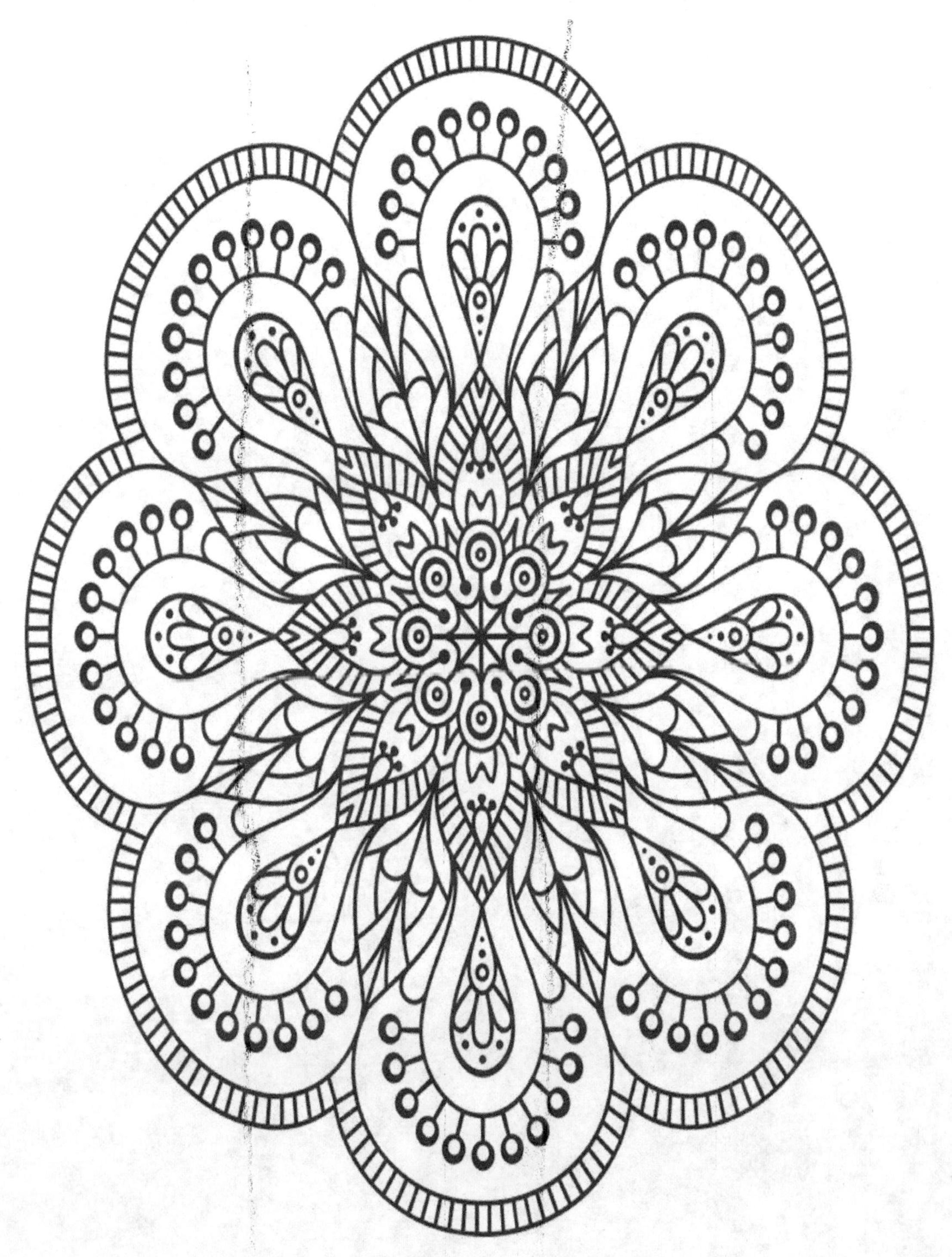

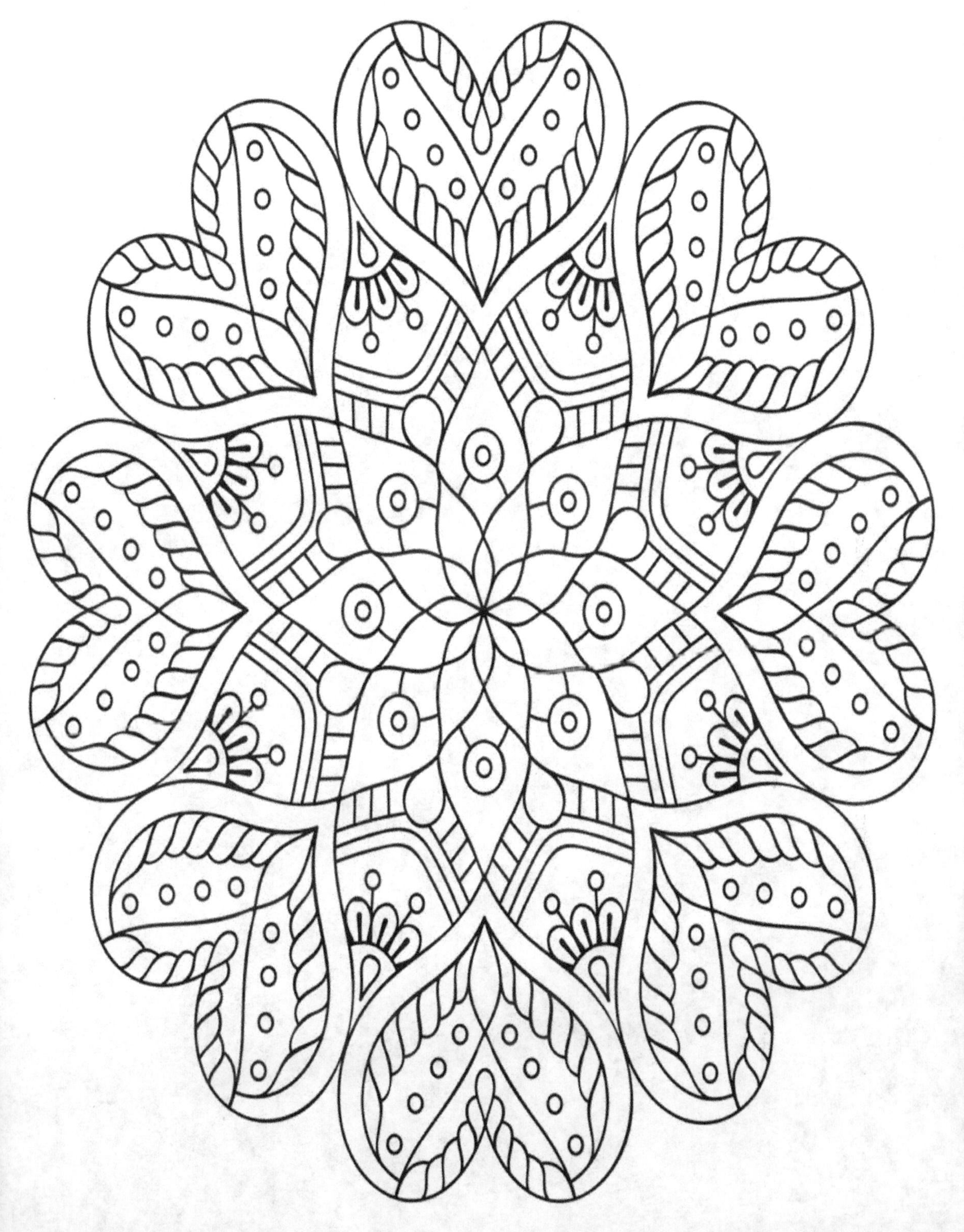

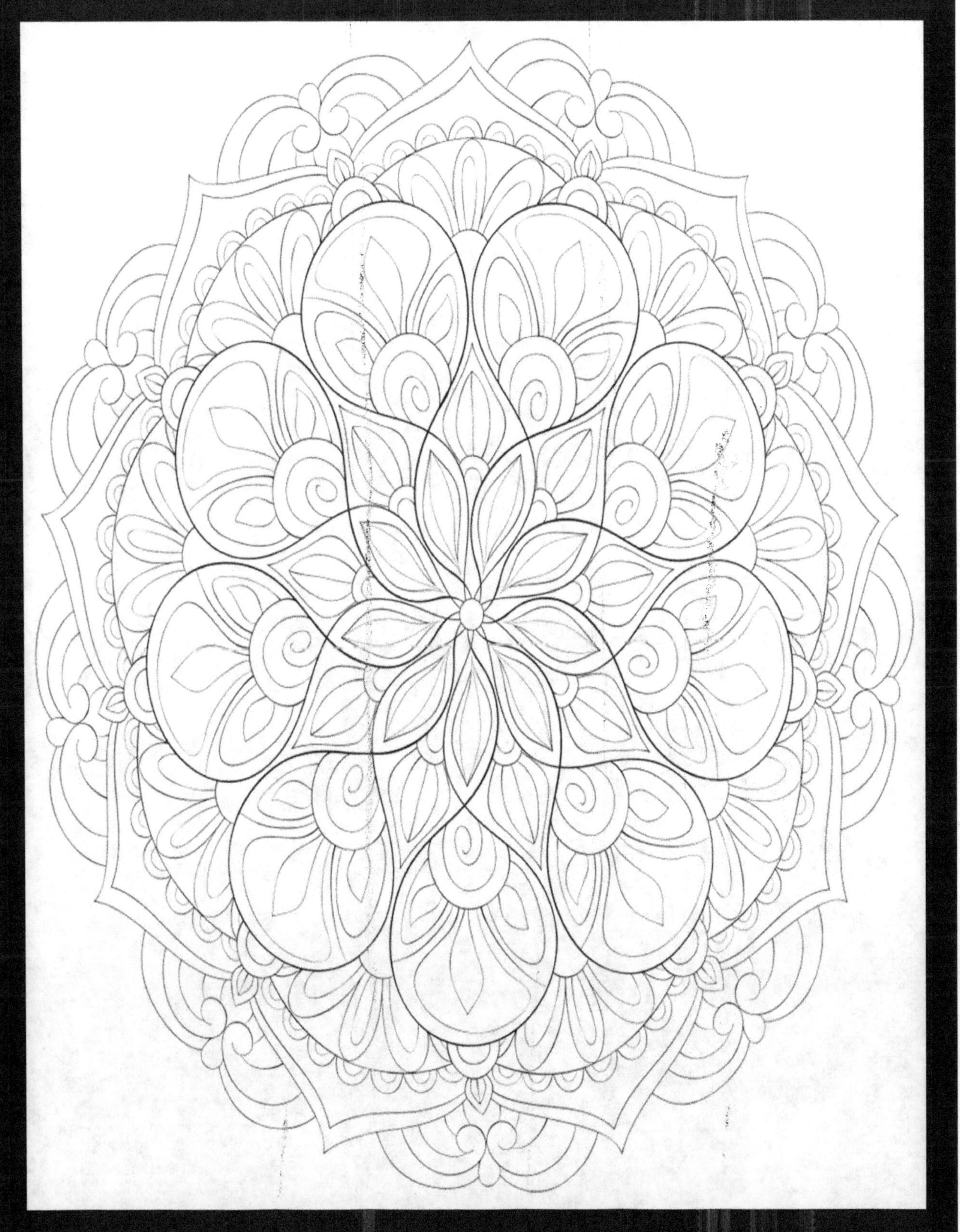

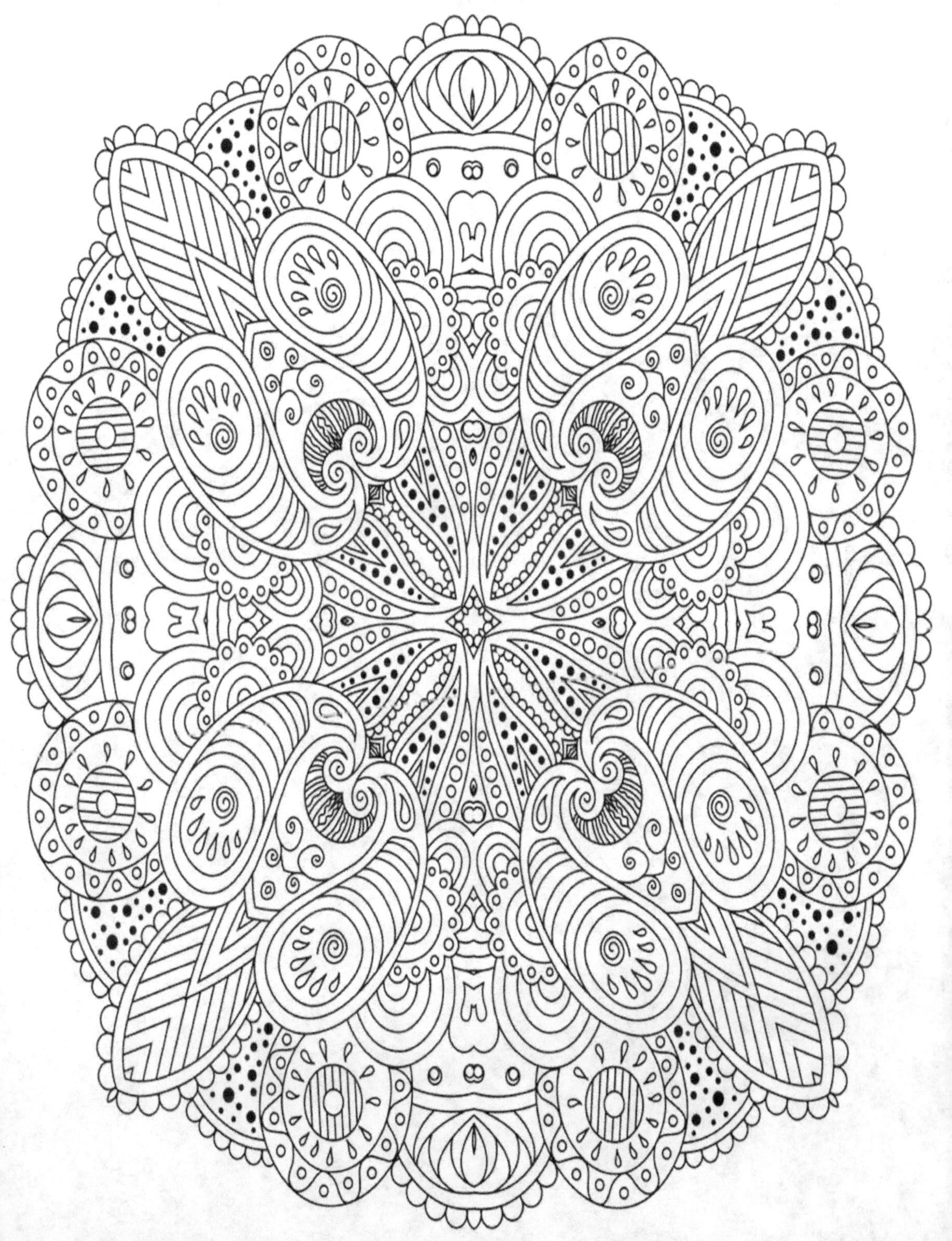

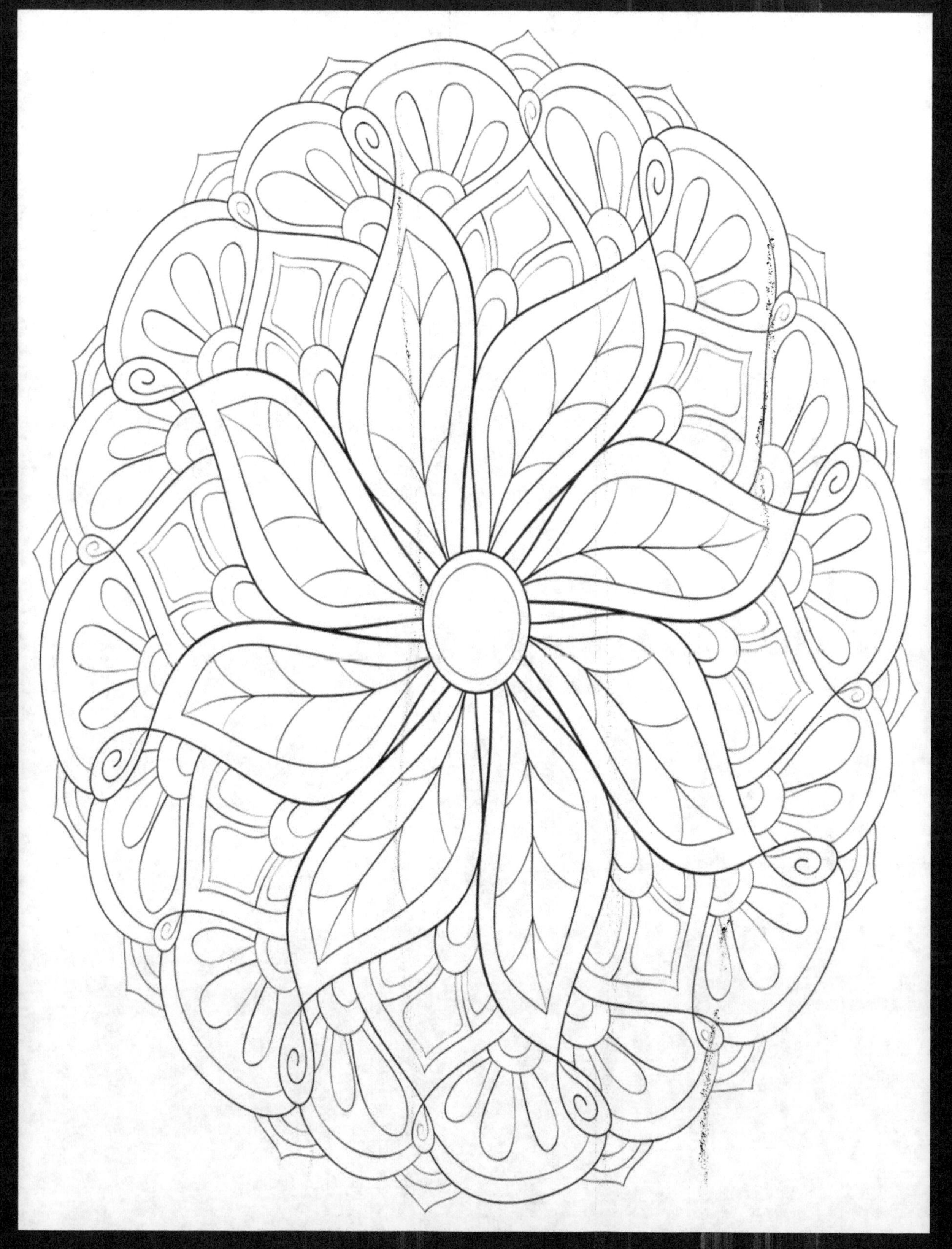

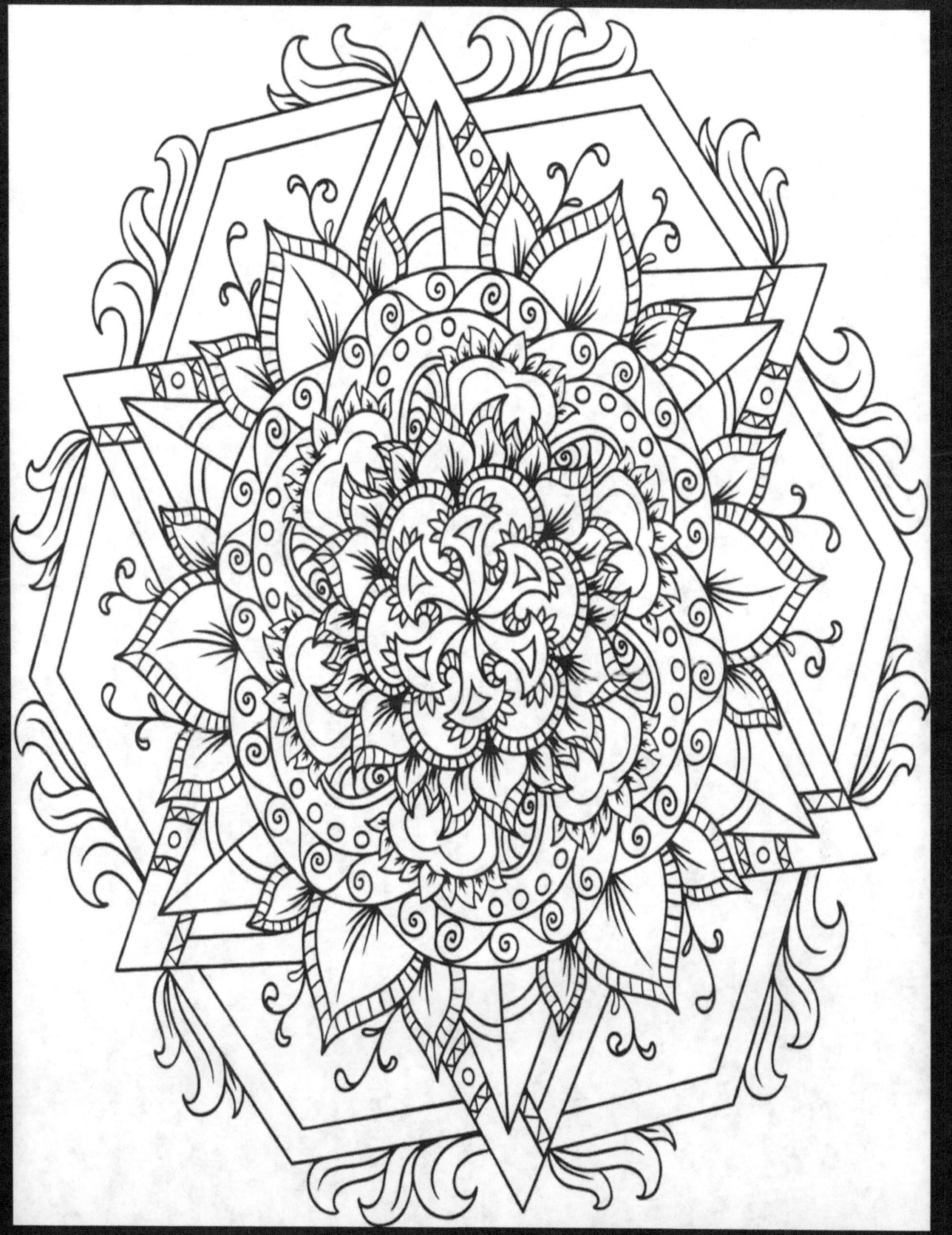

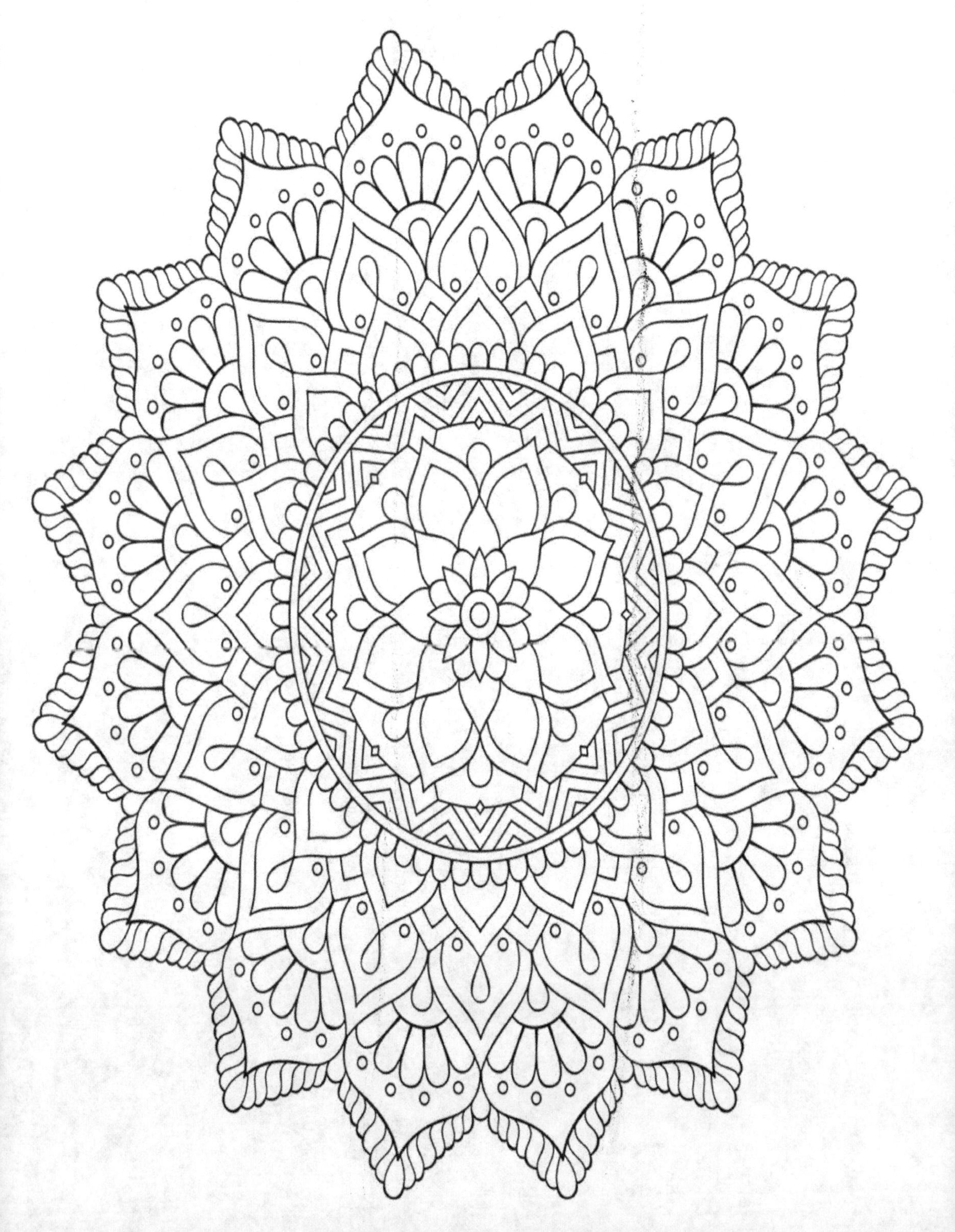

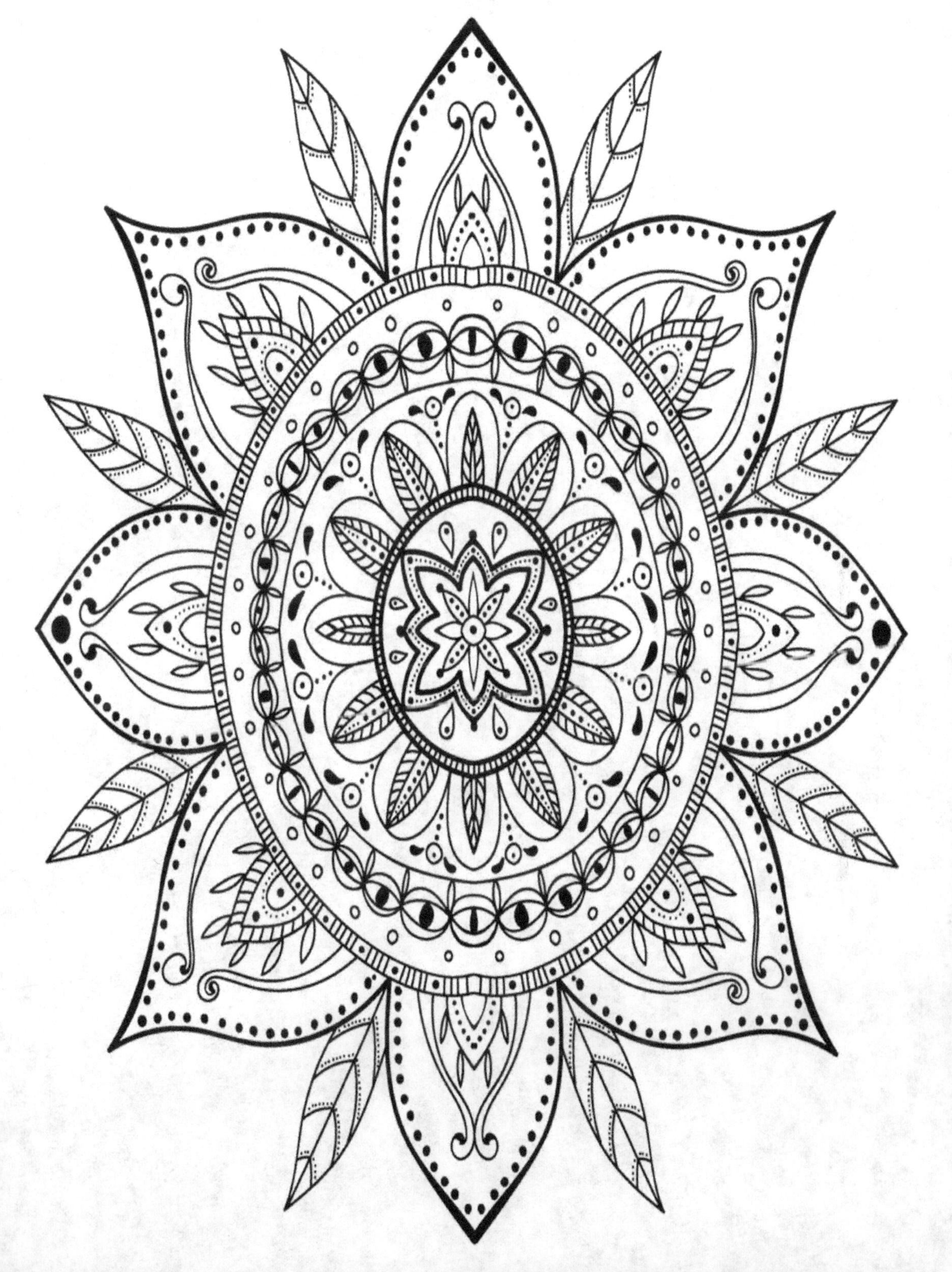

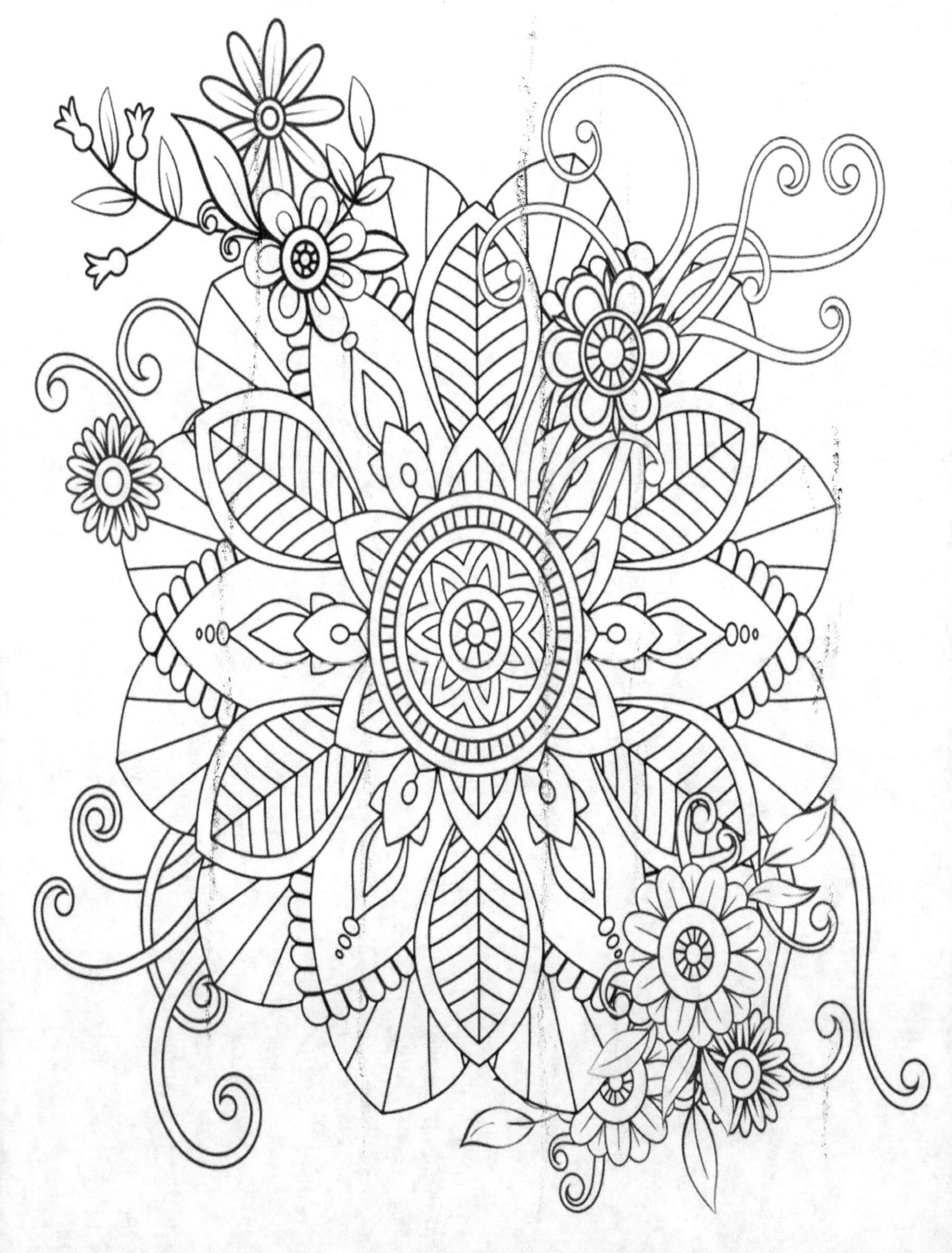

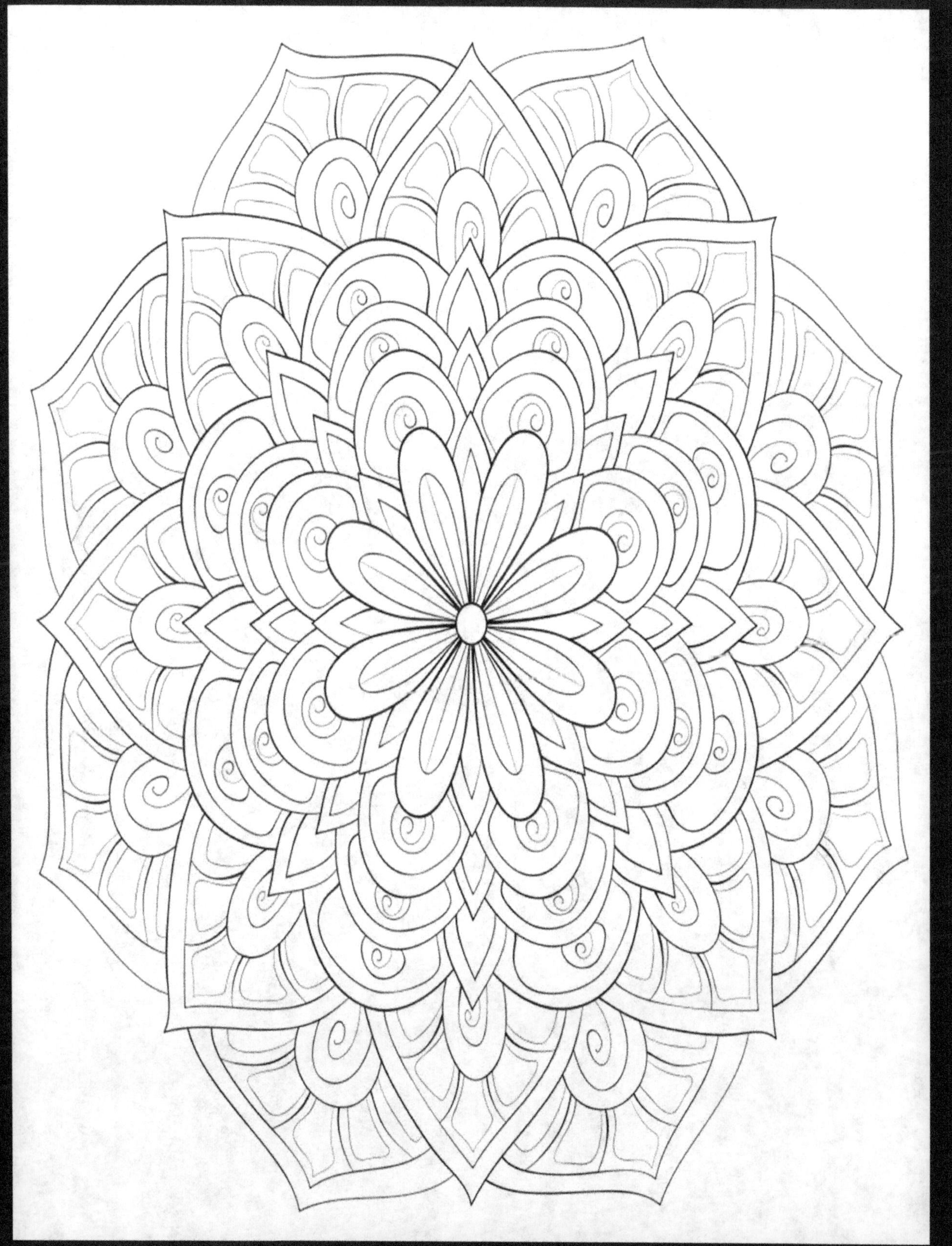

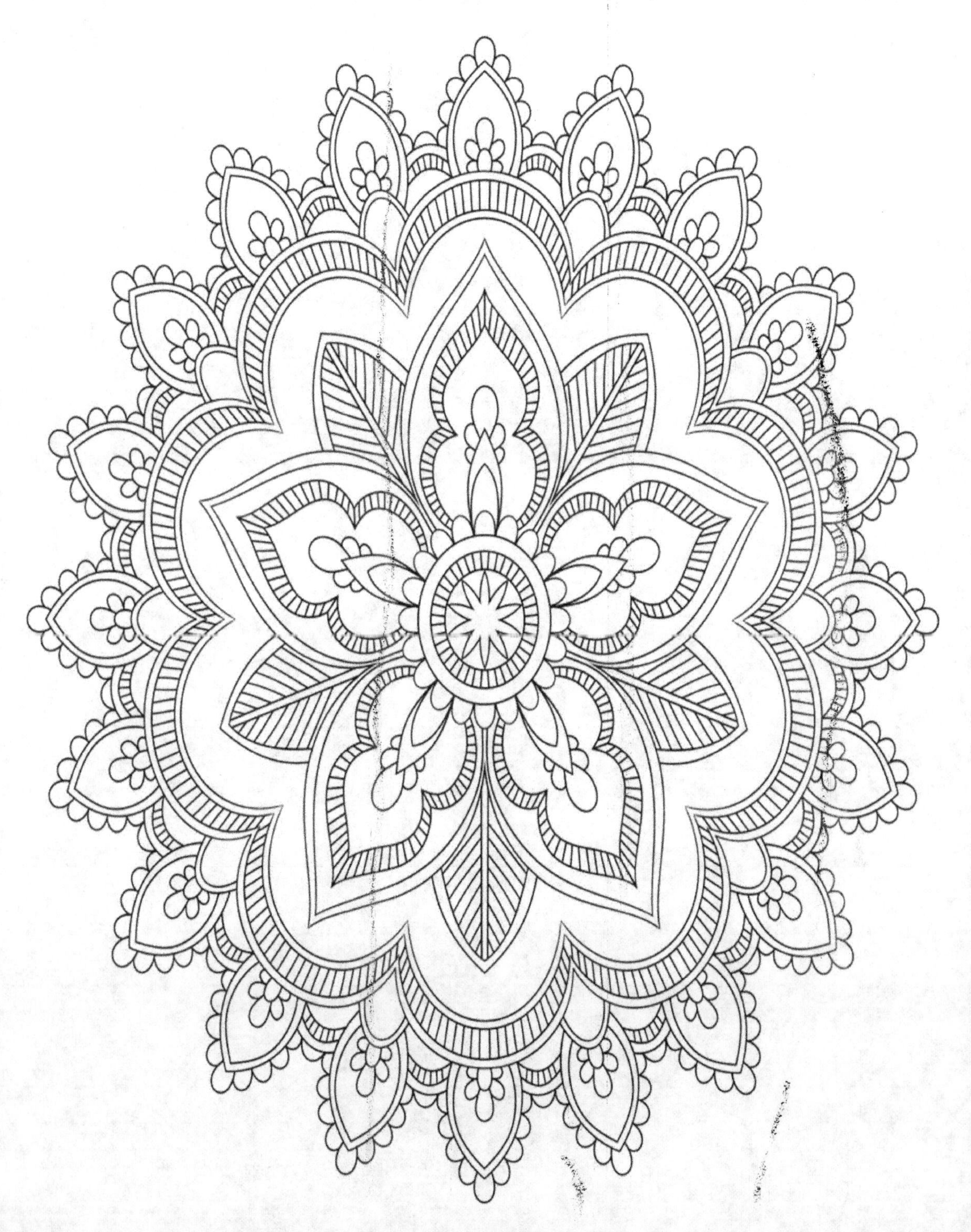

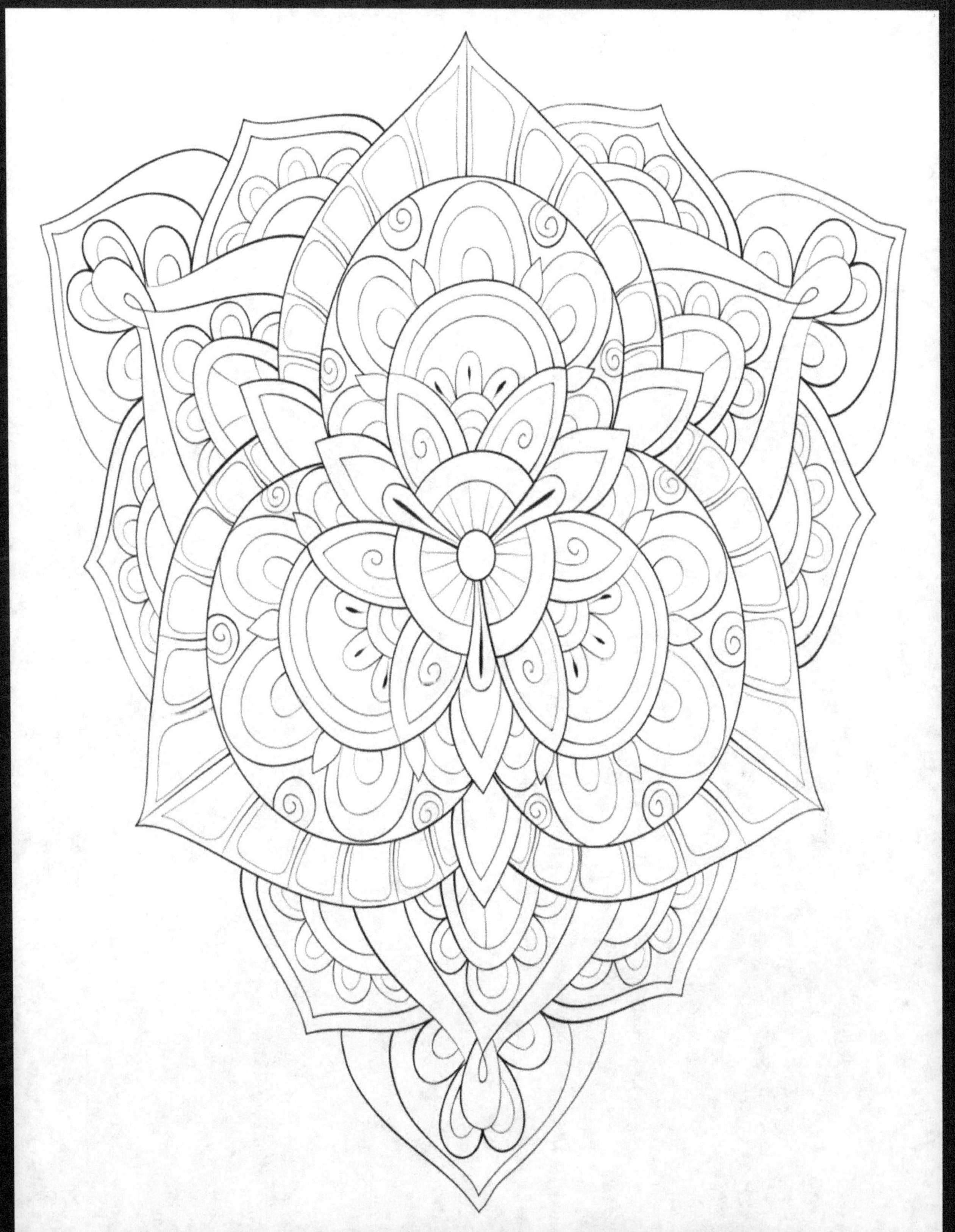

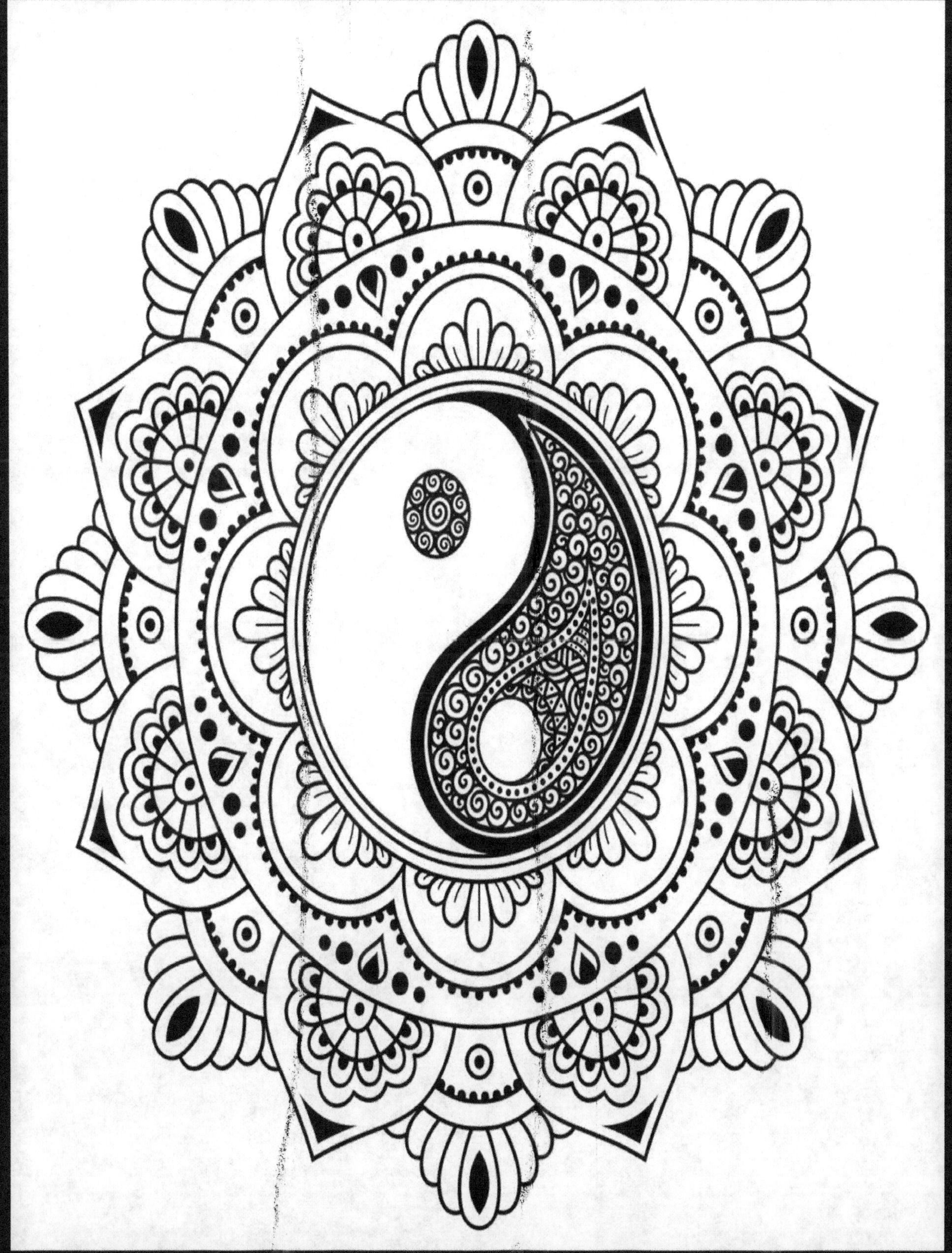

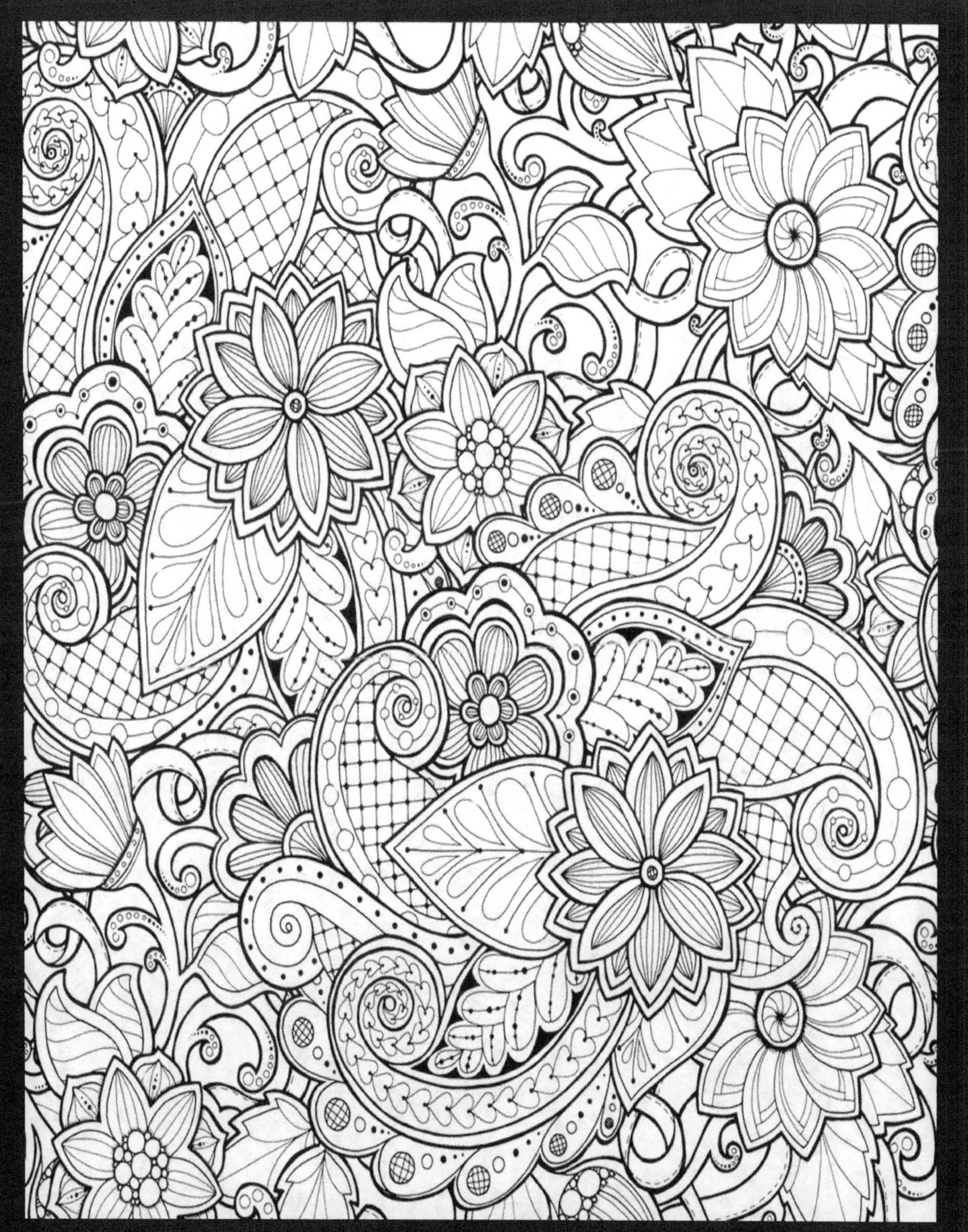

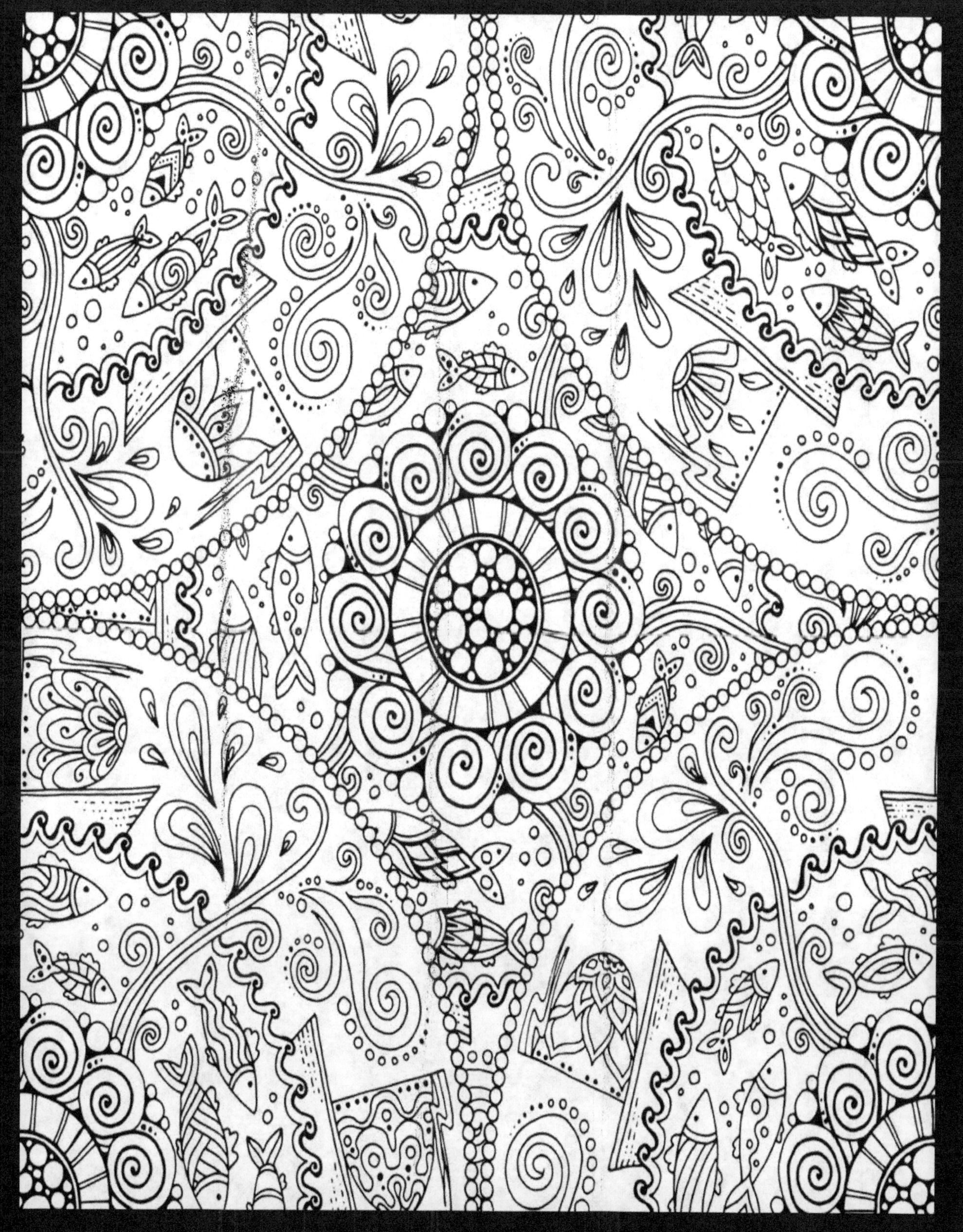

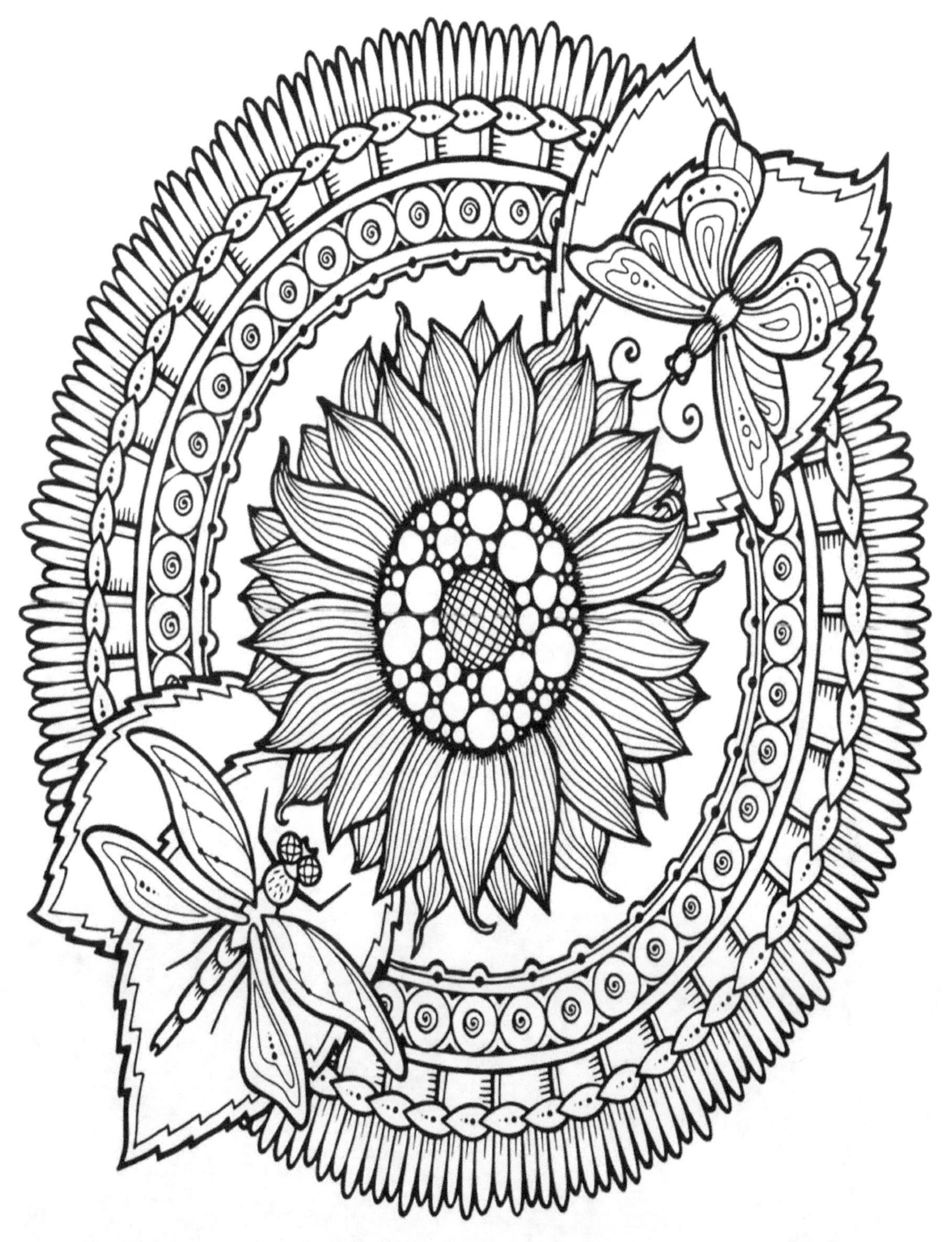

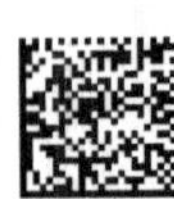

www.ingramcontent.com/pod-product-compliance
Lightning Source LLC
Chambersburg PA
CBHW081945160726
47999CB00008B/2526

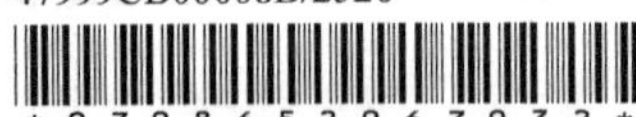